Bolz
Das Wissen der Religion

Norbert Bolz

Das Wissen der Religion

Betrachtungen eines religiös
Unmusikalischen

Wilhelm Fink

Umschlagabbildung:
Fresko „Die Predigt des Antichrist" von Luca Signorelli, um 1500;
Kathedrale in Orvieto (Italien)

Bibliografische Information der Deutschen Nationalbibliothek

Die Deutsche Nationalbibliothek verzeichnet diese Publikation in der
Deutschen Nationalbibliografie; detaillierte bibliografische Daten sind im
Internet über http://dnb.d-nb.de abrufbar.

Alle Rechte, auch die des auszugsweisen Nachdrucks, der fotomechanischen
Wiedergabe und der Übersetzung, vorbehalten. Dies betrifft auch die
Vervielfältigung und Übertragung einzelner Textabschnitte, Zeichnungen
oder Bilder durch alle Verfahren wie Speicherung und Übertragung auf
Papier, Transparente, Filme, Bänder, Platten und andere Medien, soweit es
nicht §§ 53 und 54 URG ausdrücklich gestatten.

© 2008 Wilhelm Fink Verlag, München
Wilhelm Fink GmbH & Co. Verlags-KG, Jühenplatz 1,
D-33098 Paderborn

Internet: www.fink.de

Einbandgestaltung: Evelyn Ziegler, München
Herstellung: Ferdinand Schöningh GmbH & Co KG, Paderborn

ISBN 978-7705-4676-3

Inhalt

Wir guten Europäer	9
Der Stand der Dinge	17
Fundamentalismus und Zivilreligion	21
Konsumismus und Boutique-Religion	31
Die Weltmeister im Guten	41
Der Götzendienst des Ich	47
Die Sozialoffenbarung	53
Den Teufel ernst nehmen	61
Glaube und Wissen	75
Das metaphysische Bedürfnis und seine christliche Befriedigung	85
Der absolute Vater	95
Die wundeste Stelle der Kultur	103
Seelennahrung	113
Vom Umgang mit der Hilflosigkeit	125
Leitbild Don Quixote	135
Anmerkungen	143
Literatur	159

Ich darf nicht sagen, dass ich an Gott glaube, – es würde lange dauern, glaube ich, bis ich es sagen würde, auch wenn ich es täte.
– Thomas Mann

Ich kann nicht niederknien, zu beten, weil gleichsam meine Knie steif sind. Ich fürchte mich vor der Auflösung (vor meiner Auflösung), wenn ich weich würde.
– Ludwig Wittgenstein

Hier wäre ein Gebet nötig. Aber Wenn ich's bislang nicht getan habe, wäre es jetzt schäbig von mir.
– Ernst Jünger

WIR GUTEN EUROPÄER

Vor den Toren der modernen Gesellschaft wächst der Protest der Ausgeschlossenen und Ausgestoßenen. Die Ausgeschlossenen zeigt uns das Fernsehen: in den trostlosen Favelas, auf den überfüllten Schiffen der Schleußer, in den Plattenbauten der Hartz IV-Existenz. Doch es gibt auch seelische Globalisierungsverlierer. Gott und die Seele sind die Ausgestoßenen der modernen Gesellschaft. Deren gottfremde Ideologie ist taub gegenüber dem Ich, das sich selbst aussagen, und gegenüber dem Gott, der sich offenbaren will. Der Soziologe Niklas Luhmann hat sich einmal gefragt, ob es denn nicht möglich wäre, dass die beiden Ausgestoßenen, Gott und Ich, sich in kommunikationsloser Verständigung verbünden. Das wäre *das anarchische Bündnis von Gott und Seele,* das die Götzendiener des Staates mehr fürchten als den Aufstand des „Prekariats".

Noch vor wenigen Jahren schien das undenkbar. Die metaphysischen Probleme waren nicht gelöst sondern vergessen. Der Teufel wurde nicht mehr gefürchtet, auf Gott nicht mehr gehofft. Theodor W. Adorno hat das die *Sozialisierung metaphysischer Indifferenz* genannt. Davon kann heute nicht mehr die Rede sein. Offenbar haben wir die Zeiten hinter uns, die glauben konnten, die Religion hinter sich gelassen zu haben. Dass Religion nur durch Religion ersetzt werden kann, scheint heute unstrittig. Mag auch der einzelne ohne ihren Trost auskommen – die moderne Gesellschaft kann nicht auf die Funktion der Religion verzichten. Das scheint der vernunftmäßigen Selbstgewissheit der Aufklärung und ihrem wissenschaftlich-technischen Projekt der Moderne zu widersprechen. Doch gerade die Entzauberung der Welt durch Wissenschaft hat überhaupt erst die Unvermeidlichkeit der Religion evident gemacht.

Deshalb liegen Glaube und Wissen auch nicht mehr im Streit. Der Religion geht es um Sein oder Nicht-Sein; der Wissenschaft geht es um das Anders-sein-können von allem. Zwar wird die Wissenschaft als Grundlage unserer technischen Weltbeherrschung für uns immer wichtiger; aber zugleich wird sie in ihrer schwindelerregenden Abstraktheit für unsere Alltagspraxis und Weltorientierung immer unwichtiger. Gerade indem sie sich souverän behauptet und jeden Zweifel an ihrer Legitimität niederschlägt, erzeugt die Wissenschaftswelt ein Vakuum der Bedeutsamkeit.

Moderne Wissenschaft ist zentrifugal – sie entfernt sich vom Menschen und seiner Erde in astronomische und Nano-Dimensionen. Religion dagegen ist zentripetal – christlich verweist sie auf das historische Ereignis der Inkarnation, neuheidnisch auf die kosmische Ausnahme Erde. Gerade die Erfolge von Wissenschaft und Technik führen zu einer Rückwendung des humanen Interesses: Man fliegt in den Weltraum – um schließlich den kostbaren blauen Planeten Erde zu entdecken. Man erzieht zur Multikulturalität – um schließlich die Einzigartigkeit der europäischen Kultur zu entdecken. Man startet ein Jahrhundertexperiment des Atheismus – um schließlich die Unvermeidlichkeit der Religion zu entdecken.

Der größte Denker des 20. Jahrhunderts, Martin Heidegger, hat am Ende seines Denkwegs die planetarische Übermacht der modernen Technik als vom Menschen prinzipiell unbeherrschbar eingeschätzt und die Philosophie in der Kybernetik verschwinden sehen: *Nur noch ein Gott kann uns retten.* Wir stellen diese These im folgenden nicht in Frage sondern als Frage. Doch weder die These noch die Frage haben irgend etwas mit Technikkritik oder Wissenschaftsskepsis zu tun. Es geht um sehr viel mehr. Wissenschaft ist an *die absolute Grenze* gestoßen – es gibt keine Kommensurabilität oder gar Kommunikation des Menschen mit dem Kosmos. Und deshalb kommt es heute zur großen Rückwendung, zum Perspektivenwechsel von Wissenschaft zu Religion.

Carl Schmitt hat in seinem Exemplar der „Legitimität der Neuzeit" von Hans Blumenberg diesen berühmt gewordenen Titel korrigiert in: „Die Legitimierung der Neugier". Damit ist das Selbstverständnis sowohl der modernen Wissenschaft als auch ihres großen Apologeten genau getroffen. Es gibt ja kein Ende des wissenschaftlichen Fragens, und umgekehrt bleiben die großen Fragen nach dem Sinn wissenschaftlich unbeantwortet. Vor diesem Hintergrund ist leicht zu erkennen, welche außerordentliche Entlastung der fromme Mensch durch die Dogmen seiner Religion erfährt. Dogmen schützen vor dem endlosen Kreisen in unbeantwortbaren Fragen. Sakralisierung heißt nämlich unbefragbar machen. Nur so erreicht man das Begründungsunbedürftige. Es gibt keinen Ersatz für die Weisung der Religion.

Sinnfragen lassen sich nicht mit Informationen beantworten. Aber eine gute Geschichte stiftet Sinn; und die beste Geschichte, die wir kennen, ist die von Jesus Christus. Das gilt ganz unabhängig von ihrer Wahrheit. Wer das für ein christliches Vorurteil hält, hat recht – aber das besagt nichts. Denn für uns – Abendländer, Europäer, Westler – ist jenseits dieses Vorurteils nirgendwo. Wenn wir also heute auf die Suche nach dem verlorenen Sinn gehen, dann führt sie uns auf einen der Jakobswege; und es sind abzählbar viele. Das gilt auch für den religiös unmusikalischen Beobachter, der vom Glaubensminimum ausgeht. Vielleicht ist Religion heute nicht mehr die Antwort auf die Frage nach dem Sinn, sondern nur noch die Unterstellung, dass die Frage einen Sinn hat. Man könnte dann sagen: Die Religion hält die Wunde des Sinns offen.

In der modernen Welt hat Komplexität keinen Gegenbegriff mehr. Und gerade deshalb wächst die Sehnsucht nach Einfachheit. Spezifisch modern ist der Prozess, den die Soziologen Ausdifferenzierung nennen, also die Aufspaltung unserer Gesellschaft in autonome Teilbereiche, die alle ihrer eigenen Logik folgen und sich gegenseitig nichts zu sagen haben; früher hat man von Wertsphären gesprochen, heute spricht man nüchterner von sozialen Systemen. Und gerade deshalb fasziniert Ganzheitlichkeit als ein anderer Name für das Heil.

Sein heißt heute Ersetzbarsein. Der Fachbegriff, der diese Erfahrung versiegelt, lautet Kontingenz: Alles was ist, wäre auch anders möglich. Und gerade deshalb wächst der Absolutheitshunger, die Sehnsucht nach dem unersetzlich Einfachen. Die Leere des Absoluten hat ein Vakuum erzeugt, das die von der Aufklärung verdrängte Religion machtvoll ansaugt. Religion ist ja die Form des Gefühls fürs Absolute, und sie wird genau in dem Augenblick wieder aktuell, da die spezifisch modernen Lebens- und Erkenntnisformen wie Relativismus, Individualismus und Ausdifferenzierung nur noch ein kulturelles Unbehagen erzeugen.

Das Absolute der Religion profiliert sich gegen zwei unerträgliche Alternativen, nämlich gegen das Totale der Politik und das Universale der Ethik. Totale Politik war ja das Unheil des 20. Jahrhunderts, gegen das die universalistische Ethik dann ein Heilmittel verschrieben hat, das uns alle überfordert. Um aus dieser Falle herauszukommen, muss man offenbar bereit sein, die Ausnahme, d.h. das Außeralltägliche zu denken. Zu denken? Oder muss es heißen: zu glauben? Aber dass genau an diesem Punkt Glauben und Denken zusammenfallen, ist ja die Pointe der christlichen Religion: Zugang zur Wahrheit hat nur der, der die Offenbarung annimmt.

Nur Religion gibt uns die Möglichkeit, die Wertalternativen, die uns von Politik, Wissenschaft und Wirtschaft aufgedrängt werden, zurückzuweisen. Auch ein so konsequenter Parteigänger des Projekts der Moderne wie Jürgen Habermas zeigt neuerdings in seiner für viele seiner Anhänger überraschenden und verstörenden Hinwendung zu Glaubensthemen vor allem ein Interesse an den Rejektionswerten der Religion, mit denen man Marktlogik und Technologik in ihre Schranken weisen kann. Mit jeder Verwerfung einer Wertalternative bildet sich Subjektivität; und es ist von unschätzbarem Wert für unser Thema, dass der Philosoph Gotthard Günther diese Rejektionsfunktion als logischen Ausdruck von Subjektivität durch die christliche *Haltung des Das-bin-ich-nicht oder Das-ist-nicht-mein-Reich* illustriert.

Wie sieht nun diese subjektivitätsstiftende Zurückweisung von Wertalternativen konkret aus? Religion ist anti-ökonomisch, denn Heil und Verdammnis sind nicht knapp. Im Glauben gibt es weder Knappheit noch Konkurrenz; daran ändert übrigens auch der Prädestinationsglaube nichts. Dass, wie ja Jesus selbst sagt, nur wenige auserwählt sind, bedeutet nämlich nicht Knappheit des Heils, sondern nur den Ausschluss einer *Verkündigung für Jedermann*. Religion ist anti-soziologisch, denn im Leben des Gläubigen gibt es kein „taking-the-role-of-the-other". Religion ist anti-ethisch, denn das jüngste Gericht ist nicht gerecht; es wird nicht moralisch geurteilt. Vor allem aber: Religion ist anti-biologisch. Die Lebensführung des Gläubigen eröffnet eine Anti-Darwin-Welt, in der Mitleid die Herrschaft der Selektion bricht.

Vor allem die christliche Religion kultiviert die Sensibilität für das Leiden an der Evolution, am Kampf ums Dasein, an den Aggressionen von Rivalität und Selbsterhaltung. Mit anderen Worten: Das Christentum ist die Religion der *Nicht-Darwin-Welt*, in der sich der Mensch als *Ausnahme der Natur* verstehen darf. Und das ist heute plausibler als je zuvor. Denn unsere moderne Zivilisation schützt uns weitgehend vor grausamen Erfahrungen – und deshalb kann die Schwelle der Empathie gesenkt werden – und deshalb wird Sympathie universal anwendbar. Eine christliche Kultur des universalen Mitleids setzt also voraus, dass wir keine schrecklichen Erlebnisse wie Hunger und Krieg mehr haben.

Nun gibt es eine theokratische und eine atheistische Form, zu all dem nein zu sagen. Theokratisch ist die heilige Wut der Fundamentalisten, atheistisch der aufklärerische Furor der Darwinisten. Wir werden ihnen im folgenden eigene Kapitel widmen. Doch wir wollen versuchen, die Frage nach der Religion zwischen Fanatismus und Zynismus zu stellen. Atheisten können die Antworten des Glaubens negieren, aber nicht die Fragen. Wie kann man ohne Gott menschlich sein? Was ist an Religion mehr als Kompensation und spirituelle Unterhaltung?

Aufmerksame Leser werden schon bemerkt haben, dass die Frage nach der neuen Religiosität der Weltgesellschaft immer wieder durch „christlichen Glauben" eng geführt wird. Ähnliches ist ja aus der Globalisierungsdiskussion vertraut, die wir (wir!) aus der Perspektive des „okzidentalen Rationalismus" führen. Doch geht es überhaupt anders? *Wir guten Europäer* können die Frage nach der Weltgesellschaft nur als Frage nach der Eigenart des Westens stellen – das ist nicht nur unvermeidlich, sondern auch berechtigt. Die Selbstbehauptung des christlichen Abendlandes kann nicht im Anspruch auf universale Gültigkeit, sondern nur in seiner Einzigartigkeit gelingen. Außerhalb des Westens erscheint der Universalismus nämlich als Imperialismus – und wir verstehen das! Gerade auch darin sind wir einzigartig: Nur der Westen ist selbstkritisch.

Das ist rasch erklärt. Es ist ja längst eine kulturhistorische Selbstverständlichkeit geworden, davon auszugehen, dass das Abendland zwei verschiedene Wurzeln hat, nämlich Athen und Jerusalem. Philhellenismus und Christentum vertragen sich aber nicht. Da die abendländische Kultur nun ihre christliche Grundlage nicht aufgeben kann und ihr Ideal der griechischen Antike nicht aufgeben will, ist sie in sich selbst kritisch. Und genau diese infrastrukturelle Selbstkritik macht die westliche Kultur bis zum heutigen Tag einzigartig.

Die Selbstkritik des Westens hat allerdings längst pathologische Züge angenommen. Und dafür gibt es einen massiven Grund: Weiße europäische Männer haben das Abendland geprägt – das ist das Ärgernis. Als Reaktionsbildung darauf hat sich in Intellektuellenkreisen eine düstere Selbstbeschreibung durchgesetzt. Die Multikulturalisten konstruieren das Abendland als Schuldzusammenhang, von dem uns nur die Anderen erlösen können. Wer Europa so von innen betrachtet, bedient bestens die anti-westlichen Affekte derer, die Europa von außen betrachten.

Die höchsten Werte des Westens sind für die anderen zweitrangig – aber für uns können sie es nicht sein. Wenn die Selbstkritik des Westens nicht die Form einer Identifikation mit dem Angreifer annehmen soll, muss sie die lange Geschichte vom kulturellen Zuhause erzählen. Wie sollte man sich als guter Europäer seiner Identität vergewissern, wenn nicht in der kritischen Identifikation mit der Geschichte des christlichen Abendlandes? Mit dieser Gegenfrage könnte man auch als Agnostiker die Gretchenfrage beantworten.

Die Freie Welt nennt sich heute Weltgemeinschaft; gemeint ist aber nach wie vor die westliche Welt. Und wir, die Bürger dieser Welt, können uns nicht, aber müssen uns doch damit abfinden, dass unsere wichtigsten Werte nur für den Westen wichtig sind. Den Ausweg aus dieser Aporie weist das Problem der Kulturwissenschaften. Nur wenn die eigenen Werte nicht mehr als universelle Wahrheiten gelten, kann es Kulturwissenschaften geben. Und doch setzt jede Kulturwissenschaft Wertideen voraus, mit denen man zur Welt Stellung nehmen kann.

Man streitet nicht, man vergleicht. So resümiert Niklas Luhmann einen rein funktionalistischen Begriff der Kultur des Vergleichs der Kulturen. Doch das funktioniert nur in der Eigenwelt der Wissenschaft und antwortet nicht auf die Frage nach dem Selbstverständnis des guten Europäers. Rüdiger Altmann spricht im Blick auf diese komparatistische Kulturwissenschaft spöttisch vom *entproblematisierten Europäer, der sein Amüsement dabei findet, Kammerdiener seiner Kultur zu sein und froh ist, wenn er einen noch so schlüpfrigen Notausgang aus seiner Geschichte erreicht.*

Wir schließen stattdessen an die ursprüngliche Fragestellung Max Webers an, der Kultur in ihrer Eigenart und Bedeutsamkeit für uns analysiert hat, d.h. im Bewusstsein der unbewussten Auslese durch Wertideen. Werte steuern die *unbewusst erfolgende Auswahl.* Sie färben die graue Faktizität einer Lebenswirklichkeit zur Eigenart. Die Frage: Was ist „für uns" wichtig, wissenswert und bedeutsam? führt letztlich zu der einfachen Formel: Kultur = Wirklichkeit + Wertidee. Und für uns guten Europäer geht es konkret um 2000 Jahre Christentum als Leitkultur, die wir nicht äquivalent ersetzen können. Es geht um die objektive Religion, wie sie sich in den Traditionen und Institutionen der europäischen Kultur manifestiert.

Leitkultur ist ein Begriff, der in Politik und Feuilleton einen Proteststurm hervorgerufen hat, denn er gehört in das Begriffsfeld von Tradition, Autorität, Vorurteil und hat deshalb in aufgeklärten Ohren einen bösen Klang. Doch Philosophie und Wissenschaft haben uns in den letzten Jahrzehnten immer wieder gezeigt, dass die aufgeklärte Aversion gegen Vorurteil, Tradition und Leitkultur selbst einem Vorurteil der Aufklärung entspringt. Am 30.4.2004 schreibt Joseph Kardinal Ratzinger in einem Brief an den Staatsrechtler Ernst-Wolfgang Böckenförde: *Ein Staat kann sich nicht völlig von seinen eigenen Wurzeln abschneiden und sich sozusagen zum reinen Vernunftstaat erheben, der ohne eigene Kultur und ohne eigenes Profil alle für Ethos und Recht relevanten Traditionen gleich behandelt und alle öffentlichen Äußerungen der Religionen gleich einstuft. Was in der Diskussion der letzten Jahre ziemlich unzulänglich mit dem Wort ‚Leitkultur' angesprochen war, ist in der Sache fundiert.*

Alles Verstehen ist nur in einer Vorurteilsstruktur möglich, und es gehört deshalb zu einer Abklärung der Aufklärung, das Vorurteil zu rehabilitieren. Jede Kultur ist ein unentrinnbares Vorurteil. Und immer dann, wenn sich etwas von selbst versteht, hat uns ein Glaube im Griff. Auch wenn man vergleicht oder beobachtet, wie andere beobachten, kann man doch immer nur an einem Ort sein; man hat immer nur eine Perspektive: „soweit ich sehe…".

***

Wer über die neue Religiosität der Weltgesellschaft schreibt, tut das in der Regel als Outsider. Atheisten schreiben über Christen, Christen über Islamisten, Monotheisten über das Neuheidentum. Man liest die Texte der anderen nicht gläubig, sondern kritisch – und bringt sie genau dadurch in Rage. Das lässt sich auch im vorliegenden Fall nicht vermeiden, in dem ein religiös Unmusikalischer Betrachtungen über Fromme und Frömmelnde anstellt.

Der Begriff des „religiös Unmusikalischen" stammt von Max Weber. Er erhellt nicht nur sehr schön die Darstellungsperspektive seiner religionssoziologischen Aufsätze, sondern auch die der fast gleichzeitigen Freudschen Psychoanalyse. Für Weber wie für Freud geht es nicht nur um die wissenschaftliche Analyse, sondern auch ums Erwachsenwerden: die Erziehung zur Realität. Sie kennen zwar beide nicht den Gott der Liebe, wohl aber den Teufel und die Dämonen der Gewalt. Das Resultat dieser Erziehung zur Realität wäre Männlichkeit. Und das hieß für Max Weber konkret, nicht auf den Heiland zu warten, sondern den eigenen Dämon zu finden, in einer letzten Stellungnahme zum Leben (Wertidee!) das eigene Schicksal zu wählen.

Aber der religiös Unmusikalische ist nicht irreligiös; er hat einen Sinn für den Sinn der Religion. Und vor allem weiß er: Nur Religion kann den Vielen die Stopp-Regel für die Suche nach dem Sinn geben. Freuds Schrift über die Religion hat den Titel „Die Zukunft einer Illusion". Doch wenn Religion eine Illusion ist, dann – und das werden die nächsten Seiten zeigen – eine notwendige.

Nun sag, wie hast du's mit der Religion? So lautet bekanntlich die Gretchenfrage, gestellt von einem einfachen, schönen Mädchen, für das Faust den Kosenamen *Liebe Puppe* parat hat. Er scheint als höflicher Agostiker und Nominalist zu antworten, der die Gefühle der Frommen schont, indem er den Glauben selbst in eine Gefühlswelt auflöst, in der *Glück! Herz! Liebe! Gott!* funktional äquivalent sind. Doch Fausts Antwort auf die Gretchenfrage hat noch eine ganz andere Dimension – eben die des religiös Unmusikalischen:

> *Mein Liebchen, wer darf sagen:*
> *Ich glaub' an Gott?*
> ....
> *Wer [...] sich unterwinden*
> *Zu sagen: ich glaub' ihn nicht?*

Faust hat recht: Die Antwort der Theologen und Kirchenleute klingt oft wie *Spott / Über den Frager.* Das gab den Anstoß, es einmal als Outsider zu versuchen. Man schreibt ja Texte, um herauszufinden, was man denkt. So stellt dieses Buch auch den Versuch dar, eine Antwort auf die Gretchenfrage zu finden.

DER STAND DER DINGE

Eine poetische Formel Gilles Kepels ist als Markierung der neuen Weltreligiosität berühmt geworden: die Rache Gottes. Doch wenn George Weigel nun glaubt, gar von einer Entsäkularisierung der Welt sprechen zu können, dann ist das natürlich unsinnig. Denn Säkularisierung heißt soziologisch betrachtet funktionale Differenzierung. Und die lässt sich in einer modernen Gesellschaft schlechterdings nicht widerrufen. Aber gerade deshalb kann man den Eindruck gewinnen, dass viele Gläubige unglücklich sind über die gesellschaftliche Autonomie der Religion. Denn zwar bewirkt die Säkularisierung kein Erlöschen der Religion, sondern ihre Vervielfältigung – aber doch eben um den Preis ihrer Unverbindlichkeit.

Martin Heidegger hat die Neuzeit im Blick auf den Prozess, den man gemeinhin Säkularisierung nennt, durch die Erscheinung der *Entgötterung* charakterisiert. Gemeint ist eine Dialektik von Verchristlichung des Weltbildes und gleichzeitiger Entchristlichung des Christentums. Das Christentum passt sich der Neuzeit an, indem es sich auf eine Weltanschauung reduziert und sich gleichsam selbst historisch wird. Durch diese Selbstreduktion setzt das moderne Christentum *das religiöse Erleben* frei, das nun beliebig eingefärbt werden kann. Diesen bunten Glaubenspluralismus meinen wir, wenn wir von der neuen Religiosität der Weltgesellschaft sprechen. Sie osziliert zwischen Fundamentalismus und Sentimentalität.

Die christlichen Kirchen und vor allem der Protestantismus haben das Kreuz inflationiert. So hört man von den Repräsentanten der beiden großen Kirchen nur noch selten etwas über das Ärgernis und den Skandal des Paulinischen Wortes vom Kreuz, aber sehr viel über die unzähligen kleinen Kreuze wie Welthunger, Arbeitslosigkeit, Klimakatastrophe usf. Zusammengehalten werden diese kleinen Kreuze durch die Dauerbereitschaft eines „Reden wir miteinander". Formelhaft gesagt: Das Diakonische verdrängt das Dogmatische. Die christlichen Kirchen vermeiden Konflikte, indem sie immer weniger behaupten – nämlich im Sinne des Dogmas und der Orthodoxie, also des „richtigen Glaubens".

Der Weg einer Selbstsäkularisierung des Protestantismus zum sozialistischen Humanitarismus ist längst schon gebahnt. Als Beobachter bekommt man hier leicht den Eindruck, dass das Christentum in der modernen Welt sich selbst nicht mehr für anschlussfähig hält, jedenfalls nicht in seiner kirchlichen Dogmatik. Deshalb ersetzt es den Skandal des Gekreuzigten zunehmend durch einen neutralen Kult der Menschheit. Thomas Mann hat das einmal *Verrat am Kreuz* genannt. Der Humanismus der Kirchen kompensiert, dass sie die Themen Kreuz, Erlösung und Gnade tendenziell aufzugeben bereit sind. Was dann noch bleibt, ist Sentimentalität als letzter Aggregatzustand des christlichen Geistes. Doch sind Zweifel an der Publikumswirksamkeit dieser Strategie angebracht. Wenn die Kirche sich öffnet, gehen nicht die Ungläubigen hinein, sondern Gläubige hinaus.

Die Selbstdarstellungspraxis des Christentums ist also inflationär. Es gibt zu viele Kreuze – und sie entwerten das Wort vom Kreuz. Dagegen ist der theokratische Fundamentalismus deflationär. Das Sicherheitsbedürfnis der Fanatiker drängt auf einen Echtheitstest des Commitment, der im leider nicht seltenen Extremfall Gewaltbereitschaft fordert. Hierauf werden wir gleich ausführlich eingehen. Aber wir können jetzt schon sagen: Sowohl der christliche Humanitarismus als auch der islamische Fundamentalismus sitzen in der Modernitätsfalle.

In allen Menschen, die die moderne Welt als ausweglos überkomplex erfahren, wächst die Sehnsucht nach Einheit und bedeutsamer Einfachheit. Die Antike hatte die schöne Ordnung eines Kosmos, das Mittelalter die Festigkeit und Verlässlichkeit eines Ordo. Erst die Moderne hat ihre Einheit dialektisch durch „Entzweiung" definiert; heute spricht man prosaischer von Ausdifferenzierung. Doch das war und ist für die meisten nur zu ertragen, wenn ihnen die Kultur kompensatorisch einen Kult des Ganzen anbietet, sei es in der Verklärung der Natur, sei es in der Thronerhebung des Ich.

Dagegen blieben die dialektischen Lösungen des Differenzproblems ein Intellektuellenvergnügen: positiv bei Hegel, der das Wirkliche als vernünftig verteidigte, negativ bei Theodor W. Adorno, der das Ganze als das Unwahre denunzierte. Heute wissen wir, dass das Problem unlösbar ist, weil es das Problem der ausdifferenzierten Gesellschaft selbst ist. *Einen Unterschied kann man nicht anbeten,* sagt der Systemtheoretiker Niklas Luhmann. Er steht für eine moderne Theorie der modernen Gesellschaft, die nichts weiß von Anfang und Ende, Einheit und Einfachheit. Sie heißt uns in der Weltzeit zu operieren, d.h. auf Wahrheit, Glück und Sinn zu verzichten.

Der Systemfunktionalismus Luhmanns weiß nichts vom guten Leben. Durchaus in der philosophischen Tradition der Neuzeit wird das Gute der Selbsterhaltung geopfert. Robert Spaemann hat das zum zentralen Motiv seines Denkens gemacht und Inversion der Teleologie genannt: Alles wird der Selbsterhaltung untergeordnet. *Religion scheint das Residuum zu sein, das der Perfektionierung der Gesellschaft ,beyond freedom and dignity' im Wege steht, d.h. der Perfektionierung einer Gesellschaft, die auf den Begriff des guten Lebens verzichtet, indem sie die Idee eines solchen zu einer Bestanderhaltungsfunktion umfunktioniert.* Für diese Unterordnung des guten Lebens unter die Selbsterhaltung des Lebens hat Spaemann später dann im Blick auf Hans Blumenberg die scharfe Formulierung eines *Nihilismus der Rechten* gefunden.

Die Grundworte der modernen Gesellschaft lauten: System, Funktion und Differenz. Die neue Religiosität ist der Inbegriff aller Versuche, diese Weltbeschreibung zurückzuweisen. Deshalb ist vom Ganzen die Rede, vom Sinn und vom Glauben, vom Ich und der Natur. Im Französischen unterscheidet man bekanntlich zwischen „le lieu" und „la place"; die Stätte ist eben nicht nur eine Stelle. Das Sein protestiert gegen die Funktion. Nicht theoretisch sondern lebenspraktisch gibt es ein Unbehagen am Funktionalismus. Man sucht wieder Substanz, Symbol, Sinn, Identität. Und Religion heißt eben immer: Es gibt ein Jenseits des Funktionierens. Sie lebt von der Spannung zwischen gesellschaftlichem Leben (Funktionieren) und eigentlichem Leben (Sinn).

In aufgeklärten Ohren muss das romantisch und antimodern klingen. Jeder weiß ja, dass Modernisierung gerade heißt, Substanzbegriffe durch Funktionsbegriffe zu ersetzen. Doch das ist lediglich die Selbstbeschreibung des Durchgesetzten. Nur ein Funktionalist kann sagen, dass Substanzbegriffe durch Funktionsbegriffe ersetzt wurden. Der Funktionalismus kennt nämlich das Unersetzliche nicht – also das, was „für uns" unendlich wertvoll ist. Werte sind seither Geister, denn in dieser entstellten Form kehren Bestimmungen wieder, die aus den ausdifferenzierten sozialen Funktionssystemen verdrängt wurden.

Die Wertegespenster, denen wir auf den folgenden Seiten noch vielfach begegnen werden, verführen dazu, die Frage nach der neuen Religiosität ethisch zu verengen. An dieser Gefährdung des Glaubens durch eine *Tyrannei der Werte* hat die Kirche selbst den größten Anteil. Religion ist ja zuständig für „das Ganze". Und da fällt es natürlich schwer, zu akzeptieren, dass sie ihre Sinnfiguren in den Grenzen eines Teilsystems der Gesellschaft anbieten muss. Deshalb erliegen die Kirchen leicht der Versuchung, auf Politik und Wirtschaft „überzugreifen" – etwa unter dem Titel „Ethik". In der Bibel gibt es aber keine Werte.

Um Ethik auf Distanz zu halten, könnte man sich an einem – leicht umverstandenen – Spitzenwert unserer Gegenwart orientieren: Glaub-würdigkeit. Welcher Glaube ist unseres Glaubens würdig? Zur ersten Orientierung schlage ich hier zwei Schemata vor, die prinzipielle Lebenshaltungen und aktuelle Glaubensformen ordnen.

	menschliche Werte	göttliche Werte
Leistung	liberal	konservativ
Ressentiment	gesellschaftskritisch	fundamentalistisch

Der Liberale orientiert Leistung an menschlichen Werten, der Konservative orientiert Leistung an göttlichen Werten. Der Gesellschaftskritiker legitimiert sein Ressentiment durch menschliche Werte, der Fundamentalist legitimiert sein Ressentiment durch göttliche Werte.

Neben diesem Schema der Lebenshaltungen brauchen wir noch ein Schema der Glaubensformen, das durch zwei Antithesen strukturiert ist. Wir haben den Marxismus als säkulare Religion (Sozialreligion) und den Kapitalismus als neuheidnische Kultreligion (Konsumismus) durchschaut; hinzu kommen heute im Feld des Konsumismus die Wellness-Religionen und der Ich-Kult, im Feld der säkularen Religion der Kult der Mutter Erde. Orthogonal dazu steht die Antithese zwischen islamischem Fundamentalismus und Zivilreligion:

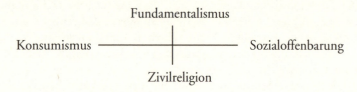

Sehen wir näher zu.

Fundamentalismus und Zivilreligion

Ähnlich wie in der Kunst die Unterscheidung Kunst / Nicht-Kunst die Unterscheidung schön / hässlich verdrängt hat, so scheint im System der Religion die Unterscheidung religiös / nicht religiös heute wichtiger zu sein als die Unterscheidung Immanenz / Transzendenz. Auf der einen Seite stehen die Menschen des Glaubens (welchen Glaubens auch immer!), auf der anderen formiert sich die säkulare Weltgesellschaft. Es gibt hier natürlich Strukturanalogien zur soziologischen Unterscheidung traditionell / modern. Der Mensch des Glaubens gehört in die traditionelle Struktur der wenigen Optionen und der starken Bindungen. Die säkulare Weltgesellschaft dagegen bietet viele Optionen, aber typisch nur schwache Bindungen. Niklas Luhmann meint sogar: *Starke Integration ist immer negative Integration und eben deshalb unheilvoll.*

Die Menschen des Glaubens gegen die säkulare Weltgesellschaft – das Erschrecken über diese Kampffront hat Gilles Kepel in die gerade erwähnte Formel von der Rache Gottes gebannt. Die von der Aufklärung verdrängte Religion kehrt wieder und schickt sich an, den Prozess der Modernisierung zu revidieren. Viele Ideengeschichtler meinen nun, der Westen könne das nur beobachten, nicht aber die islamistische Herausforderung mit einer „geistigen" Antwort parieren. Denn der Okzident hat niemals große Religionen, sondern immer nur große politische Ideologien hervorgebracht hat. Nach dem Untergang der „großen Erzählungen" aber, also im postideologischen Zeitalter, scheinen die Religionen als Identitätsangebote konkurrenzlos geworden zu sein.

Mit einem „Zurück zur Aufklärung!" ist es nicht getan. Denken ist nicht das Gegenteil von glauben, denn man denkt immer im Rahmen eines Glaubens. Nicht du hast einen Glauben, sondern der Glaube hat dich. Man denkt mit dem, was man glaubt – dieses Bewusstsein haben die Intelligenten unter dem Frommen den aufgeklärten Universalisten voraus. Mit anderen Worten: Der Glaube, der uns hat, ist der blinde Fleck unseres Denkens. Das hat nun eine für die Utopie eines „Dialogs der Religionen" vernichtende Konsequenz: Ein Universalist und Multikulturalist kann einem Frommen keine „zwingenden Gründe" nennen. Denn um die Gründe als zwingend zu erfahren, dürfte er kein Frommer mehr sein. Deshalb sind Fundamentalisten und Universalisten heillos ineinander verklammert.

Auf den ersten Blick sieht es so aus, als sei religiöser Fundamentalismus, der uns heute natürlich vor allem in seiner islamistischen Form bedrängt, ein Widerstandskampf der Tradition gegen die Weltentzauberung. Und ganz analog könnte man dann die neue Religiosität des Westens als Recycling der Tradition im Dienste einer Wiederverzauberung der Welt verstehen. Bei Lichte betrachtet, zeigt sich aber, dass der religiöse Fundamentalismus die Tradition instrumentalisiert, nämlich als Intellektuellenrhetorik. Der islamische Fundamentalismus hat also nichts mit Traditionspflege zu tun. Er ist die Intellektuellenerfindung einer reinen Wertevergangenheit, auf die man sich dann mit moralistischer Aggressivität berufen kann.

Jeder Fundamentalismus hebt sich vor einem Hintergrund fundamentaler Unsicherheit ab. Dieser Hintergrund allgemeiner Verunsicherung heißt heute Globalisierung. Man kann deshalb die fundamentalistischen Bewegungen als genaue Reaktionsbildung auf Weltkommunikation, Liberalismus und eine durch soziale Reflexivität auf Dauer gestellte Ungewissheit verstehen. Mit anderen Worten: Der Funktionalismus der modernen Gesellschaft und der Fundamentalismus des Glaubens sind Komplementärphänomene. Ja, man kann noch mehr sagen: Der immer häufigere Fall des europäischen Gotteskriegers, der zum Islam konvertiert ist, macht deutlich, wie sich im Fundamentalismus der moderne Individualismus gegen sich selbst kehrt. Die freie Glaubenswahl des Individuums wählt eine Religion, die ihm die Last der Freiheit und Individualität nimmt.

Jeder Fundamentalismus bietet eine Möglichkeit zur Flucht ins Handfeste. Wir haben ihn deshalb schon als deflationär charakterisiert. Deflationäre Tendenzen reagieren auf die wachsende Riskanz des modernen Lebens mit dem Angebot größerer Sicherheit auf Kosten der Freiheit; man greift auf primitive Muster zurück. Alle Fundamentalismen reduzieren soziale Komplexität durch einen moralischen Rigorismus, vor dessen Standards jeder zum Schuldigen wird, und durch einen Zurechnungsmechanismus, der alles, was geschieht, als Ausfluss des göttlichen Willens verstehen lässt und damit jede moralische Verantwortung des Einzelnen aufhebt. Inflationäre Tendenzen, wie wir sie vor allem im sich selbst säkularisierenden Protestantismus beobachten können, verharmlosen dagegen das Problem der Unsicherheit und Ungewissheit. Dem entspricht ein Gottesbegriff, aus dem alle strafenden und disziplinierenden Momente entfernt sind – der nichts als liebe Gott. Der liebe Gott der Humanitaristen und der absolute Gott der Fundamentalisten sind also Komplementärphänomene.

Man kann den Fundamentalismus als Symptom für die „Krankheit" der modernen Gesellschaft lesen. Insofern handelt es sich um eine durch und durch aktuelle Form der Religion. Ihr Heilsversprechen besteht darin, uns den Preis der Modernität zu ersparen: Sicherheit und Gewissheit statt Freiheit und Ungewissheit. Manuel Castells hat diese Antithetik geradezu apokalyptisch zu gspitzt: Hier die Welt des chaotischen Wandels, der Daten-, Finanz- und Bilderströme – dort die Suche nach ursprünglicher Identität; hier das Internet und sein Funktionalismus – dort das Selbst und sein Sinnverlangen; hier die Vernetzung der Mächtigen und Reichen – dort die drei Fünftel der Weltbevölkerung, die durch die Maschen der Weltgesellschaft fallen.

Der Fundamentalismus konfrontiert den Liberalismus der westlichen Welt mit Konflikten, die nicht auf Interessenkonflikte reduzierbar sind. Wer fromm ist, hat kein Interesse am Marktplatz der Ideen. Er hat die Wahrheit – und deshalb kein Interesse an einer anderen Wahrheit. Was nämlich eine Religion, die sich ernst nimmt, von einer bloßen Meinung unterscheidet, ist der Anspruch auf privilegierten Zugang zur Wahrheit. Und deshalb gibt es keine liberale Antwort auf die heute so dringliche Frage: Wie soll man mit Leuten diskutieren, die von der Überlegenheit ihrer Kultur überzeugt sind?

Universalistische Religionen sind ihrem Wesen nach missionarisch, solange sie lebendig sind, sagt Robert Spaemann. *Nur tote Ideen existieren in der Form der friedlichen Koexistenz nebeneinander.* Man kann es auch so sagen: Eine Religion, die sich ernst nimmt, ist dogmatisch. Und im Dogma haben wir den eigentlichen Gegensatz zum liberalen Dialog. Es kodifiziert die Wahrheit des rechten Glaubens und kann deshalb in unseren westlichen Spitzenwerten wie „Offenheit" und „othering" nur gottlose Verirrungen sehen. Die höchsten Ideale, die uns heilig sind, stehen immer im Kampf mit anderen Weltanschauungen.

Höchstwerte sind nämlich keine Alternativen, sondern Todfeinde. Deshalb hat Max Weber, der dieses Problem am tiefsten durchdacht hat, von einer *Wertkollision* gesprochen. Es gibt hier keine Kompromisse und keinen Relativismus mehr. Eben diese Wertkollision meint auch Samuel Huntingtons berühmte Formel vom „clash of civilizations"; und davon sollte sich der deutsche Leser nicht durch die Frage ablenken lassen, ob „Kampf der Kulturen" eine angemessene Übersetzung sei.

Auch wenn die Political Correctness es auszusprechen verbietet: Es geht heute bei der Wertkollision um den Zusammenstoß der abendländischen Werte mit dem Islam, und es geht bei der Frage nach der Zukunft Europas um die Integration der Türkei. Doch nicht nur die Denkverbote der Political Correctness sondern auch die Faszination durch den Terror verhindern eine angemessene Diskussion dieser Fragen. Und so lange diese Diskussion nicht offen geführt wird (und zwar nicht mit dem Islam – wer sollte der Adressat sein? – sondern in Europa!), wird sich „la guerra fria" des 13. Jahrhunderts zwischen Spaniern und Muslimen als Kalter Krieg Europas mit dem Islam fortsetzen.

Der islamistische Terror verdeckt nämlich das eigentliche Problem: den Islam. Für den Islam spielt der Nationalstaat keine Rolle; alles dreht sich um die kleine Gruppe (den Klan) und den großen Glauben (die Ummah). In Europa war Nationalstaatlichkeit ja das Medium der Säkularisierung; aber dieses Formular für Identitätsbildung überzeugt gerade in einer globalisierten Welt immer weniger. Der Prozess der Globalisierung hat nämlich ein Problem freigelegt, das durch den Nationalstaatsgedanken verdeckt worden war: Wie soll der Staat ohne Religion integriert werden? Niemand weiß heute eine Antwort. Um so wichtiger ist es aber deshalb, den politisch-theologischen Kern des Problems zu bestimmen: Einheit oder Trennung von Politik und Religion – das ist die Frage. Und Religion macht hier den entscheidenden Unterschied.

Nach wie vor ordnen die Muslime die Welt mit der Unterscheidung der zwei Rechtskreise „Islam" und „Ungläubige". Genau damit manifestiert der Islam, dass er eine Religion ist, die sich noch ernst nimmt. Er beansprucht nämlich, einen privilegierten Zugang zur Wahrheit zu haben. Zu recht fordern die Muslime von den Europäern, in ihrem Glauben respektiert zu werden. Und den Islam zu respektieren heißt, ihn ernst zu nehmen. Doch den Islam in seinem politischen Anspruch ernst zu nehmen, heißt für einen guten Europäer, ihm zu widersprechen. Pauschale Toleranz nimmt die anderen nicht ernst. Wir können das Andere nur anerkennen, wenn wir unserer Toleranz eine Grenze setzen.

Unstrittig ist wohl auch unter Muslimen und den Verfechtern eines Dialogs der Religionen, dass der Islam keine Religion nach der Aufklärung ist. Es gibt im Islam weder eine institutionalisierte Deutungskompetenz noch eine historisch-kritische Theologie. Deshalb ist es sinnlos, eine spirituelle Wahrheit des Islam gegen seine politische Machtform auszuspielen. Koranzitate dienen Seminaristen genau so gut wie Terroristen. Man kann es auch positiv formulieren: Der Islam befindet sich heute in der Situation des Christentums vor der Aufklärung.

Die rechtliche und politische Situation ist für uns (für uns!) eindeutig. Wenn das „Reich Gottes" gepredigt wird, dann kann der moderne Staat das tolerieren, solange es irgendwie metaphorisch, also spirituell und innerlich gemeint ist – nicht aber als Aufruf zur politischen Theokratie. Der säkulare Staat kann den Gläubigen also nicht politisch in seinem Glauben ernst nehmen. Wie in anderen Lebensbereichen auch, wird die Forderung nach Gleichheit vom Staat in Form von Gleichgültigkeit erfüllt.

Von offiziellen Repräsentanten des Islam in Europa kann man immer wieder hören, dass man durchaus bereit sei, die rechtlich-politischen Rahmenbedingungen des säkularen Staates zu respektieren; für eine Religionsgemeinschaft in der Diaspora müsste das ja auch selbstverständlich sein. Doch hier ist Skepsis angebracht, denn der Islam ist nicht eine Religion unter anderen, sondern die weltweit dynamischste und selbstbewussteste. An ihr kann man deshalb ein prinzipielles Problem aller Religionen besonders gut beobachten.

Die Geschichte der konfessionellen Bürgerkriege hat uns gelehrt, dass Religion nur tolerant ist, solange sie machtlos ist. Religion muss Privatsache bleiben, sonst kommt ein Wahrheitsanspruch in den öffentlichen Diskurs – und Blut fließt. Jede Religion beansprucht ja, einen privilegierten Zugang zur Wahrheit zu haben. Wer tief gläubig ist, hat im Ernst keinen Respekt vor dem Wahrheitsanspruch anderer Religionen. Religion ist also nicht geistig, sondern allenfalls politisch tolerant – nämlich unter Bedingungen der Diaspora und des säkularisierten Staates. Dieses Problem lässt sich nicht auf einen gemeinsamen Nenner hin auflösen. Weltreligion ist das Esperanto der Theologen. Es geht nicht um den größten gemeinsamen Nenner einer Weltreligion, sondern um die friedliche Koexistenz des Exklusiven – die Religionen der Welt.

Eine Religion, die es, wie heute der Islam, auch politisch ernst meint, ist nicht tolerant. Deshalb kann sie von der Religion der Toleranz, also dem Liberalismus, nicht toleriert werden. Man sollte sich hier nicht von der humanistischen Seminarerfahrung der Religionswissenschaftler und der politischen Korrektheit der Politiker irreführen lassen, die uns heute unisono einreden wollen, der Islam sei eine Religion des Friedens. Eine Religion predigt Toleranz, solange und wo sie nicht an der Macht ist. Und umgekehrt ist Macht immer ein Maß dafür, wie weit man sich nicht anpassen muss. Ich bin immer dann tolerant, wenn meine tiefsten Überzeugungen nicht berührt werden, und ich bin immer dann kompromissbereit, wenn ein Sieg unwahrscheinlich ist. Wenn sich die Fundamentalisten also auf einen „Dialog" einlassen würden, gäbe es gar keinen Grund mehr für einen Dialog. Stanley Fish hat einmal gesagt, man könne Religion auch durch Freundlichkeit umbringen – und genau das ist es, was die Fundamentalisten instinktsicher im Dialog der Kulturen wittern.

In all ihrer politischen Ohnmacht und theologischen Naivität bleibt die Idee eines Dialogs der Religionen doch ehrenhaft als der Versuch, heil hindurchzusteuern zwischen der Skylla hasserfüllter Gotteskrieger und der Charybdis wutschnaubender Aufklärer. Friedrich Theodor Vischer hatte schon im 19. Jahrhundert deutlich erkannt, dass Stoffhuber und Sinnhuber nebeneinander leben. Sobald sie sich aber in die Haare bekommen, entstehen Fanatismus und Zynismus. Denn im Fanatismus kehrt sich der Sinn gegen die Wirklichkeit – und provoziert prompt den Zynismus, der die Wirklichkeit gegen den Sinn mobilisiert. Beides scheint heute zu funktionieren, weil beides fasziniert.

Die Faszinationskraft des Fanatikers rührt zum einen daher, dass er immun ist gegen Kritik; er hat die Heilsgewissheit gegen die allgemeine Ungewissheit. Der Fanatiker erlöst von der Komplexität, denn er hat die Kraft, viele Dinge nicht zu sehen. Der Fanatismus ist also die Willensstärke der Schwachen und die Lebenssicherheit der Unsicheren; dahinter steht letztlich das Begehren nach einem Befehl. Zum andern fasziniert der Fanatiker durch seine Opferbereitschaft. Richard Dawkins würde sagen: Der Fanatiker ist von der „Meme" des Heilsversprechens besessen – deshalb ist sein eigenes Überleben zweitrangig. Wie alle Märtyrer stellen sich die Selbstmordattentäter in den Dienst des Überlebens einer Idee. So wird der Glaube zur Waffe. Dem entspricht dann eine durchaus triviale Psychodynamik des terroristischen Aktes: Selbstmord ist nämlich die narzisstische Flucht vor der Einsicht in die eigene Bedeutungslosigkeit.

Den extremen Gegenpol zum Fundamentalismus markiert die Zivilreligion als der Glaubensinhalt, den man zwar nicht glauben, aber dem man doch Geltung verschaffen muss. Im Begriff der Zivilreligion fragt der säkulare Staat selbst nach den integrierenden Werten der modernen Gesellschaft. Man kennt diese Frage, die sich gerne in die Form eines Aufrufs kleidet, aus den Sonntagspredigten und Weihnachtsansprachen der Politiker. Doch jeder Ruf nach Werten zielt, wenn er denn ernst gemeint ist, eigentlich auf die Unentrinnbarkeit eines Dogmas. Nur Dogmen schützen uns nämlich vor dem endlosen Kreisen in unbeantwortbaren Fragen.

Wir haben es hier mit einer spezifisch religiösen Leistung zu tun. So bedeutet das johanneische „Die Wahrheit wird euch frei machen" in diesem Zusammenhang: Akzeptiert das Dogma, dann habt ihr keine Probleme mehr. Ähnlich funktionieren heute auch die „Grundwerte" als das Dogma der Zivilreligion. Sie verdecken die Paradoxie, die der ehemalige Richter des Bundesverfassungsgerichts Ernst-Wolfgang Böckenförde so klar gesehen hat: *Der freiheitliche, säkularisierte Staat lebt von Voraussetzungen, die er selbst nicht garantieren kann. Das ist das große Wagnis, das er, um der Freiheit willen, eingegangen ist.* Deshalb ist heute so viel von Verfassungspatriotismus die Rede; diese Rhetorik zielt auf eine Substitution der Bibel durch die Verfassung. Doch das Grundgesetz wird durch seine Sakralisierung als Zivilreligion überfordert.

Die uns so vertraute Rede von Menschenrechten, Demokratie, Freiheit und Individualismus ist alles andere als voraussetzungslos. Wir haben es hier mit jenen neutralen Prinzipien zu tun, die uns die Geschichte vergessen lassen und damit jenes Vergessen wiederholen, das es ihnen ermöglicht (hat), als neutrale Prinzipien zu erscheinen. So hat Carl Schmitt immer wieder darauf hingewiesen, dass die staatstheoretischen Begriffe des Abendlandes säkularisierte theologische – und das heißt eben konkret: christliche – Begriffe sind. Dafür hat der islamische Fundamentalismus eine hohe Sensibilität. Dan Diner spricht genau in diesem Zusammenhang von einem *westlichen Begriffsmonopol in universalistischem Kleid.*

Es geht in der Zivilreligion also um das Glaubensminimum, das wir – im Blick auf die unverzichtbare Funktion der Religion in der modernen Gesellschaft – zur Geltung bringen müssen, und zwar nicht nur gegenüber den Andersgläubigen, sondern auch gegenüber den Ungläubigen. Ursprünglich, nämlich bei Rousseau, ist Zivilreligion ein bürgerliches Glaubensbekenntnis, das religiöse Dogmen durch den Sinn für die Gemeinschaft ersetzt. Rousseau sieht zwar, dass man die Bürger nicht zum Glauben an die Gemeinschaft zwingen kann; doch soll man jeden ungläubigen Bürger *verbannen, nicht deshalb, weil er gottlos ist, sondern weil er sich nicht in die Gesellschaft einfügen will.* Ohne das Sentiment der Geselligkeit kann man offenbar kein guter Bürger sein. Schon am 18.8.1756 schreibt er an Voltaire, man brauche einen Bürgerkatechismus, der die wesentlichen sozialen Maximen enthalte.

Auf der anderen Seite des Atlantik sieht das Konzept der Zivilreligion ganz anders aus. Wie schon Alexis de Tocqueville in seinen Beobachtungen über die Demokratie in Amerika gesehen hat, gibt es dort zwar eine Vielzahl von Sekten, doch bei aller Verschiedenheit des Glaubens treffen sie sich doch in einem republikanischen Christentum. Hier wird Amerika als theologischer Begriff erkennbar. Das Thema dieser Zivilreligion ist die heilige Geschichte von Amerika.

Man könnte von einer Umbesetzung des Puritanismus durch den Amerikanismus sprechen. Der Glaube an Amerika muss dann aber deutlich vom Patriotismus einerseits, andererseits von der Zivilreligion im Rousseauschen, aber auch im Lübbeschen Sinne unterschieden werden. Amerikanismus als Weltreligion heißt nicht, dass Amerika christianisiert ist, sondern dass das Christentum amerikanisiert ist. David Gelernter hat jetzt gezeigt, dass dieser Amerikanismus eine Weltreligion ist. Ich habe im „Konsumistischen Manifest" gezeigt, dass der Antiamerikanismus eine Weltreligion ist. Mit anderen Worten: Der Antiamerikanismus zeigt im Zerrspiegel des Hasses die Wahrheit einer Religion. Das angemessene Bild von Amerika ist ein Januskopf: der amerikanische Traum und der antiamerikanische Hass.

Heute kann man den Ungläubigen das Glaubensminimum wohl nur schmackhaft machen, wenn man die Öffentlichkeit der Religion auf einen kleinsten gemeinsamen Glaubensnenner bringt. Im Blick auf den „Leviathan" des Thomas Hobbes und dessen Versöhnungsformel „Jesus is the Christ" hat Hans Blumenberg einmal von der *Selektion des weltlich Erträglichen aus der Theologie* gesprochen. Eine solche Definition von Zivilreligion müsste sogar für einen Atheisten konsensfähig sein.

In seinen Vorlesungen über die Grundzüge des gegenwärtigen Zeitalters unterscheidet schon Fichte zwischen allgemein anerkannter Religion und lebensweltlicher Religiosität. Fichte charakterisiert seine Gegenwart durch drei Merkmale: Die christlichen Kirchen sind in der Krise, der Aberglaube ist durch die Aufklärung erledigt, doch zugleich sind die Bürger auch des freigeisterischen Geschwätzes müde. Gerade vor diesem Hintergrund aber hebt sich der religiöse Kernbestand des bürgerlichen Lebens ab: *wo noch gute Sitten sind und Tugenden: Verträglichkeit, Menschenliebe, Mitleid, Wohlthätigkeit, häusliche Zucht und Ordnung, Treue und sich aufopfernde Anhänglichkeit der Gatten gegen einander, und der Eltern und Kinder, – da ist noch Religion, ob man es nun wisse, oder nicht.*

Fichte war noch sicher, dass diese Zivilreligiosität zu genuin christlichem Glauben wiedererweckt werden könnte. Doch heute sehen wir, dass die Stabilität der Funktion der Religion in der Gesellschaft keine Bestandsgarantie für die traditionellen Kirchen ist. Wenn heute ein neues religiöses Bedürfnis aufflackert, dann müssen die christlichen Kirchen beobachten, dass es meist nach anderen Heilsversprechen Ausschau hält. Wie auch immer man die „religiöse Lage" der Gegenwart einschätzen mag – sie ist gekennzeichnet durch eine Auflösung und Rekombination der religiösen Tradition.

Auflösung und Rekombination, wohlgemerkt, denn nur Religion kann Religion ersetzen. Andere Äquivalente ignorieren entweder das Jenseits (so klassisch der Marxismus) oder das Diesseits (so täglich der Drogenrausch). Die Zivilreligion resümiert die Restbestände der religiösen Institutionen: die Kirchen, in denen wir getauft werden und heiraten; die Grundgesetze, die ohne göttliche Abkunft leer wären; die Schwüre „bei Gott", mit denen Staatsoberhäupter ihr Amt übernehmen.

Soweit sich die christlichen Kirchen auf das Konzept der Zivilreligion einlassen, beschreiben sie sich selbst funktionalistisch. Heilsversprechen gibt es dann nicht mehr. Als Zivilreligion hat das Christentum die großen Themen wie Kreuz, Erlösung und Gnade aufgegeben und durch einen diffusen Humanismus kompensiert. Wie andere westliche Institutionen gerät es damit in die Modernitätsfalle. Die christliche Zivilreligion leidet nämlich nicht daran, dass sie mit der Kulturentwicklung nicht mitkäme, sondern an ihrer eigenen Realitätsgerechtigkeit. Vor allem der protestantischen Kirche fehlt der Mut zur Unzeitgemäßheit. Gerade weil sie so modern und „aufgeklärt" ist, kann sie nicht mehr Heil versprechen und eine neue Welt prophezeien.

So kann ein religiös Unmusikalischer beim Kirchenbesuch leicht den Eindruck bekommen, die Pfarrer wüssten sehr viel von den Hungersnöten in Afrika und den heimischen Arbeitslosenstatistiken, aber nichts mehr von der Apokalypse. Man versteht natürlich: Diakonie und Seelsorge sollen Gott menschennah kommunizieren. Diakonie personalisiert ja gesellschaftliche Probleme und hält so Realitätskontakt – auf Kosten der großen Heilsversprechen. Das ist ein Trade-off, der das Konzept der Zivilreligion für alle, die die Welt des Glaubens nur von außen betrachten, so attraktiv macht. Denn als Zivilreligion fügt sich das Christentum passgenau in das System der modernen Gesellschaft.

Ein derart dogmatisch abgerüstetes Christentum empfiehlt sich der modernen Welt also nicht nur durch seine Resignation auf den kleinsten gemeinsamen Glaubensnenner, sondern auch durch seinen Humanitarismus. Und es scheint fast gleichgültig, ob dabei konkret geholfen wird oder die seelsorgerische Menschennähe zur Gebärde erstarrt. In jedem Falle bietet das dogmatisch abgerüstete Christentum den Opfern der Gesellschaft ein Design der Betroffenheit, widmet sich also den unlösbaren Folgeproblemen anderer sozialer Systeme („Schicksale"). So identifiziert sich die Kirche letztlich mit dem Bild, das die Soziologen von ihr gezeichnet haben: dass es die gesellschaftliche Funktion der Religion sei, die faktisch Ausgeschlossenen „geistig" einzuschließen.

Konsumismus und Boutique-Religion

Wenn es heute überhaupt eine Gemeinsamkeit in den Lebensformen der westlichen Welt gibt, dann ist es der Konsumismus, also eine Welthaltung, die sich an der Logik des Marktes orientiert und der die kapitalistische Wirtschaftsform zur zweiten Natur geworden ist. Diese Welthaltung zeigt deutlich kultische, ja fetischistische Züge – und weckt damit das Interesse des Theologen. Könnte es sein, dass wir im Herzen des „Warencharakters" auf eine neue Religiosität treffen? Diese Frage hat sich der Marxist und Theologe Walter Benjamin schon in den 30er Jahren gestellt und ein Forschungsprojekt skizziert, das in den letzten Jahren immer größere Aufmerksamkeit gefunden hat: „Kapitalismus als Religion".

Zu recht denkt man hier zunächst an Karl Marx und seine Enthüllung des religiösen Geheimnisses der Ware, aber vor allem natürlich auch an Max Weber und dessen These von der Geburt des Kapitalismus aus dem Geist des Protestantismus. Doch Weber selbst hatte schon erkannt, welche Erkenntnisbarrieren sich hier auftürmen, weil jener Geist eben schon längst aus unserem Alltag entschwunden ist und nur noch seine Hüllen übrig geblieben sind. Der kapitalistische Geist entstand in einer *Zeit, in welcher das Jenseits alles war* – und eben das können wir nicht mehr nachfühlen. Um aber zu verstehen, wie sich der kapitalistische Geist zu der reinen Diesseitsreligion des Konsumismus depotenzieren konnte, brauchen wir doch eine einfache Hintergrundskizze jener Geburtsphase – *damals, als die Sorge für das ‚Jenseits' den Menschen das Realste von allem war, was es gab.*

Max Webers These über den Geist des Kapitalismus besagt im Kern, dass eine asketische Form des Protestantismus eine alltagsbestimmende Lebensmethodik geschaffen hat. Diese Lebensmethodik stützt das kapitalistische Wirtschaften wie ein Korsett und versieht es zugleich auch mit Heilsprämien. Formelhaft gesagt: Der Kapitalismus ist religiös bedingt. Das war von Max Weber natürlich als Konkurrenzthese zu jener marxistischen Grundformel, nach der das gesellschaftliche Sein die Gestalten des Bewusstseins bestimme, gemeint.

Diese Religionssoziologie des Kapitalismus entwirft das grandiose Bild vom innerweltlichen Asketen des Puritanismus, der sich die Lebenssorge kapitalistischen Wirtschaftens wie einen dünnen Mantel umwirft – aber dieser Mantel erstarrt zum Panzer, zum *stahlharten Gehäuse*. Die Askese baut die Welt um, und gerade durch ihren strahlenden Erfolg gewinnen die Güter eine ungeheure Macht über die Menschen. Seither funktioniert der Kapitalismus als perfekte Maschine – auch ohne Geist. Für die Menschen heißt das: Sie haben keinen Beruf mehr, sondern einen Job.

Der heute wieder laut werdende Ruf nach einer „Wirtschaftsethik" klingt vor diesem Hintergrund wie die verzweifelte Suche nach dem verlorenen Geist des Kapitalismus. Max Weber hat aber nicht nur das Schwinden des Geistes christlicher Askese diagnostiziert, sondern auch die Folgeerscheinungen benannt. Weil uns das religiöse Fundament des Kapitalismus entzogen ist, haben wir den reinen Agon des Sports, aber auch der Workaholics. Und deshalb kehren auch die alten Götter des Heidentums wieder – man ist grün und vergöttert die Natur; man gewinnt das Design des neuen Mikrochips in buddhistischer Meditation; man ist Holist und glaubt an die schöpferische Macht des Chaos. Der Aberglaube erweist sich hier als die Wahl der Eigenformel. Heute wird tatsächlich jeder nach seiner eigenen Fasson selig. Und deshalb leben wir in einem Polytheismus der Marken und Moden.

Walter Benjamin ist nun in seiner Analyse noch einen Schritt weiter gegangen. Für ihn ist der Kapitalismus nicht nur in eine religiös bestimmte Lebensmethodik eingebettet. Es geht ihm vielmehr um den Nachweis einer *essentiell religiösen Struktur des Kapitalismus*. Der Kapitalismus ist schon deshalb eine Religion, weil er in der Lage ist, den aus Leid und Qual geborenen Fragen der Menschen eine befriedigende Antwort zu geben – nämlich eine Antwort der Befriedigung. Und zwar ist die Reformationszeit für Benjamin der historische Augenblick der Verwandlung von Christentum in Kapitalismus. Das setzt aber voraus, dass die ganze abendländische Geschichte als Entwicklung eines parasitären Verhältnisses begriffen werden muss: Der Kapitalismus entsteht als Parasit des Christentums und zehrt so sehr von dessen Kräften, dass schließlich – eben zur Zeit der Reformation – das Verhältnis in eines der Identität umschlägt. Die neuzeitliche Geschichte des Christentums ist die Geschichte des Kapitalismus.

Wir gebrauchen den Begriff des Konsumismus, um deutlich zu machen, dass diese kapitalistische Religion eine reine Kultreligion ist. Sie hat weder eine Dogmatik noch eine Theologie. Sie ist unmittelbar praktisch orientiert – genau wie die Urformen heidnischer Religiosität. Der Konsumismus ist also neuheidnisch. Er begründet seinen Ritus ohne Gotteswort; und dass der Kult Vorrang vor der Lehre hat, ist eben typisch heidnisch. In unserem Fall ist es der Vorrang der konsumistischen Praxis vor der christlichen Lehre, der sie parasitär aufsitzt. Kapitalismus als Religion ist eine Form des Neuheidentums.

Der Kult der kapitalistischen Religion ist natürlich ein Kult der Ware. Das heißt für den marxistischen Theologen, dass der Tauschwert zum Gegenstand religiöser Verklärung und zum Medium eines religiösen Rausches wird. In diesem Zusammenhang gebraucht Walter Benjamin den Begriff der Phantasmagorie. Gemeint ist ein Raum des Vergnügens und der Zerstreuung, der sich genau dort auftut, wo der Gebrauchswert der Waren gleichgültig wird. *Die Inthronisierung der Ware*, also die Verehrung eines Produkts als Fetisch nach dem Ritual der Mode, ist der einzige Inhalt des kapitalistischen Kults.

Die *theologischen Mucken* der Ware, von denen Karl Marx sprach, ihr zweideutiges Sein als *sinnlich-übersinnliches Ding*, sind konstitutiv für unser modernes Weltverhalten. Es ist deshalb nicht metaphorisch gemeint, wenn Benjamin schreibt, die Pariser Passagen, die Vorläufer der amerikanischen Malls, seien die ersten *Tempel des Warenkapitals*. Es gibt also eine Art Sakralarchitektur des Konsumismus. Hier findet Baudelaires religiöser Rausch der Großstadt seinen konkreten Schauplatz: *die Warenhäuser sind die diesem Rausch geweihten Tempel.*

Die Götter, die aus dem Himmel der Religionen verdrängt wurden, kehren als Idole des Marktes wieder. Werbung und Marketing besetzen die vakant gewordenen Stellen des Ideenhimmels. Düfte heißen Ewigkeit und Himmel, Zigaretten versprechen Freiheit und Abenteuer, Autos sichern Glück und Selbstfindung. Mit einem Wort: Marken besetzen Werte, um sie schließlich zu ersetzen. So entfaltet sich heute der Konsumismus als die Religion der Gottunfähigen.

Dass etwas Übersinnliches sinnlich greifbar ist, kennt man eigentlich nur aus der Welt der religiösen Symbole. Deshalb betrachtet schon Karl Marx die Warenwelt in Analogie zur religiösen Welt. Die Waren sind nicht einfach Dinge für den Konsum. Sie befriedigen nicht einfach ein konkretes Bedürfnis, sondern sie verkörpern Soziales – analog zum Totem! Deshalb nennt Marx das Produkt, das auf dem Warenmarkt erscheint, eine *gesellschaftliche Hieroglyphe*. Die Waren des kapitalistischen Marktes können als eine Art Geheimschrift gelesen werden, in der sich unser gesellschaftliches Leben religiös chiffriert. Das Geheimnis der Ware und das Geheimnis der Religion sind also dasselbe.

Nicht die Kirchen, sondern die Konsumtempel sind der bevorzugte Schauplatz dieser neuen Religiosität. So vergleicht der Theologieprofessor Harvey Cox die Schaufenster der Warenhäuser mit der Krippenszenerie; das Etikett mit dem Markenzeichen deutet er als säkularisierte Hostie. Prinzipieller gesagt: Das Ideal des Marketing ist die religiöse Ikonenverehrung, denn *in der Ikone ist der Gegensatz von Diesseits und Jenseits aufgehoben.*

Die Konsumgütermärkte als Schauplatz der Sinnstiftung – es ist das große Verdienst des Saint-Simonismus, diese Konzeption erstmals in aller Klarheit formuliert zu haben: die Verwandlung aller Geschäfte in Kulte. Entscheidend ist dabei, dass der Kunde vom passiven Konsum zur aktiven Devotion voranschreitet. Doch erst heute ist aus der saint-simonistischen Idee konsumistische Wirklichkeit geworden. Große Marken formieren Sekten. Und – Ironie des Posthistoire – dieser Kult der Märkte übergreift auch seine Kritiker. Denn die neue Religiosität des Konsumismus hat zwei Gesichter – das affirmative des Markenkults und das kritische der Protestbewegungen. Revolte und Mode sind beide soziale Heilsgottesdienste. Und heute gibt es sogar Ansätze zu einem „guten Kapitalismus", der „ethisches Einkaufen" ermöglicht. Bio und Öko verheißen das Heil als Freikauf: Man kauft sich auf dem Markt von einer Schuld los.

Der Logik des Konsumismus folgt aber nicht nur die kapitalistische Ersatzreligion, sondern auch die Religion selbst (die Religion selbst!). Sie ist von außen betrachtet nur noch eine der Marken, die auf dem Markt der Spiritualität miteinander konkurrieren. Die christlichen Kirchen stehen heute also im Wettbewerb um den freien religiösen Markt. Neben den Gläubigen ist längst der Religionskonsument getreten, der in die Kirche geht, um sich spirituell zu unterhalten. Auf dem Markt der Religionen dominiert die spirituelle Selbstbedienung, das Do-it-yourself der Selbsterlösung.

So entsteht millionenfach das, was Karl Gabriel Bastelreligion genannt hat. Und die hat durchaus noch Verwendung für christliche Versatzstücke wie Weihnachten, das als *unmittelbare Vereinigung des Göttlichen mit dem Kindlichen* so ideal in den Seelenhaushalt des modernen Menschen passt. Aber auch alle, die mehr für sich erwarten als bloße Sentimentalität, werden heute konsumistisch bedient – etwa durch eine Wallfahrt, die die religiöse Pflichtreise in Tourismus aufhebt. Ein Komiker mit einschlägigen Erfahrungen hat für die spirituelle Erfahrung dieser Boutique- und Wellness-Religion die ununterbietbare Formel gefunden: Ich bin dann mal weg.

Schon Max Weber hatte in seiner Rede über den Beruf zur Wissenschaft über die religiöse Innenausstattung der modernen Seele gespottet, gerade Intellektuelle seien versucht, sich *eine spielerisch mit Heiligenbildchen aus aller Herrn Länder möblierte Hauskapelle* einzurichten. Entscheidend ist hier für unseren Zusammenhang, dass man auch religiös sein kann, ohne an etwas Bestimmtes zu glauben. Gerade für die Boutique-Religion gilt also Nietzsches Formel: *der religiöse Instinkt* wächst, aber er lehnt *die theistische Befriedigung* ab. Wir haben es hier mit Menschen zu tun, die vielleicht „gottunfähig" (Alfred Delp), aber nicht irreligiös sind.

Die Boutique-Religion ist wie eine Ellipse um die beiden Brennpunkte Multikulturalismus und Tribalismus konstruiert. Die religiöse Form des Multikulturalismus reicht vom Buddhismus light über den Urlaub in Nepal bis zu fernöstlichen Managerweisheiten. Der Tribalismus ist eine Reaktionsbildung auf die Globalisierung. Von der Brüderlichkeit der Stammesgemeinschaft zur universalen Andersheit, zur Weltgesellschaft aus „Anderen" – so hat der große Soziologe Benjamin Nelson die Entwicklung der abendländischen Gesellschaft beschrieben. Doch der Prozess der Globalisierung mit seinem Preis der Entfremdung zu universaler Andersheit ist offenbar nur durch Kompensationen zu ertragen. Die Boutique-Religion bedient hier nicht nur die Sehnsucht nach dem „Ganzen", sondern ist auch zuständig für das „Wir". Neue Tribalismen gleichen die Zumutungen der Weltgesellschaft aus. Auf den Straßen der Metropolen und in den virtuellen Räumen des Internet finden sich die Jugendlichen zu neuen Stammesgemeinschaften zusammen.

Für derart triviale Sinnfragen hatte die Sprache der Religion immer schon das Bild vom verlorenen Paradies parat. Das Paradies ist das Bild von der guten Schöpfung; die Vertreibung daraus soll uns klar machen, dass wir auf Erlösung angewiesen sind. Aber könnte man die Bewegungsrichtung der Menschheit – Fortschritt genannt – nicht einfach umkehren und wieder zurück ins Paradies kehren? Zweitausend Jahre lang hat man an religiöse und politische Erlösungsversprechen geglaubt und auf das Reich Gottes oder der Freiheit gewartet. Die Enttäuschung dieser Hoffnungen hat das Bild vom Paradies wieder aktuell gemacht.

Paradies heißt heute, nicht mehr erlösungsbedürftig zu sein. Nach den revolutionären Sturmliedern erklingt nun weltweit die Pastorale der Grünen, dieser postmodernen Hirten des Seins, die den Naturschutz predigen. Ihr Motto lautet: Die Schöpfung bewahren, statt auf die Erlösung zu hoffen. So tritt an die Stelle der christlichen Theologie der Felix Culpa, also der Welt des Sündenfalls und der Komplexität, ein neuer Kult der Einfachheit und Reinheit.

Das Paradies ist die Welt des Infantilen, die heile Diesseitswelt. Im Paradies gibt es keine komplexen Beziehungen; jedes Ding ist eine Welt. Es gibt nichts Unbekanntes, und die Erfahrungen decken sich mit den Erwartungen. Der Garten Epikurs war dann der philosophische Paradiesersatz: *die Abschirmung des kleinsten aller möglichen Paradiese*. Im Biedermeier ist diese Technik, die man im heutigen Marketing-Jargon „Cocooning" nennt, noch einmal ästhetisch durchprobiert worden.

Der Garten Epikurs bot Genuss ohne Weltverantwortung. Das ist verlockend in einer Moderne, die sich das „Übermensch"-Programm zumutet, nämlich Verantwortung für die ganze Welt zu übernehmen. Im Garten fallen Ökonomie und Egonomie (Identitätsmanagement) zusammen – das gilt für den Garten Eden, Epikurs, Candides und den Schrebergarten gleichermaßen.

Diese Gartenidylle lässt sich durchaus noch steigern. Den Garten Epikurs überbietet Disneyland, das Paradies als Themenpark bzw. als Erlebnispark, in dem alle Versprechungen gehalten werden. Und die ganze Welt wird zum Garten Eden an den Traumstränden des Tourismus, dessen Werbung denn auch ausdrücklich das Paradies verspricht. Jedes irdische Paradies ist, in der Sprache der Ökonomie, ein Positional Good. Dessen Wert steht ja in direktem Verhältnis zur Beschränkung des Zugangs zu ihm. Man genießt das, wozu die Vielen keinen Zugang haben; man kauft sich sozialen Abstand. Und wenn man Positional Goods für die Massen zugänglich macht, zerstört man sie. Die Paradiese der Welt existieren nur, weil sie selten und immer schwer zugänglich sind. Mit anderen Worten: Der Wert eines Paradieses bemisst sich danach, in wie weit es die anderen ausschließt. Man genießt nicht nur, sondern man genießt auch das Nichtgenießen der anderen. Damals hat Gott die Menschen aus dem Paradies vertrieben. Heute vertreiben wir die anderen Menschen aus unserem Paradies: Privatweg. No Trespassing.

Wer in der Bibel liest, um sich über das Paradies zu informieren, wird enttäuscht. Außer der Beschreibung eines schwach bevölkerten Gartens findet man eigentlich nur den rätselhaften Hinweis, dass im Paradies alles seinen richtigen Namen hatte. Aber vielleicht ist das ja der Grund für die Sprödheit der Geschichte: Weil wir aus dem Paradies vertrieben worden sind, fehlen uns die richtigen Worte, um es zu beschreiben. Auch in späteren Geschichten erscheint das Paradies immer nur als das verlorene. Und das weckt den Verdacht, dass es schon dem Gott der Bibel nicht um das Paradies, sondern um seinen Verlust zu tun ist. Die Vertreibung aus dem Paradies ist die Ausstoßung in die Endlichkeit – nur darum geht es in der Bibel. Die Versuchung durch die Schlange ist lediglich ein Vorwand.

Wenn man die theologische Vorstellung von der Vertreibung aus dem Paradies in philosophische Begriffe übersetzt, dann besagt sie: Entzweiung, Differenz. „Paradies" ist die Vorstellung, die uns „Entzweiung" als Verlust denken lässt. Und dieses Bild hält uns auch dann noch gefangen, wenn wir die Einheit, das Ganze und den Konsens gut finden, die Differenz und den Dissens aber scheuen. So beobachten wir heute in allen Lebensbereichen eine Flucht aus dem Paradox ins Paradies – zu Deutsch: wir wollen nicht mehr unterscheiden.

Paradies heißt vor allem aber, dass es keinen Mangel an Zeit gibt. Und entsprechend symbolisiert die Vertreibung aus dem Paradies, dass von nun an die Zeit knapp ist. Seither erscheint das Leben im Zeichen von Entzweiung und Entfremdung, Arbeit und Kampf ums Dasein; ja sogar die Erfolgreichen erfahren es als Tretmühle der Lust. Die Vertreibung aus dem Paradies, das wir ja immer nur als das verlorene gezeigt bekommen, steht für die Ausstoßung des Menschen in die Endlichkeit. Für infantile Gemüter ist das ein Grund zum ewigen Jammern. Dem Erwachsenen dagegen erzählt der Paradiesmythos, dass der Mensch zum Menschen wurde, als er auf das Glück verzichtete.

Die Zeit des absoluten Anfangs und die Zeit des absoluten Endes faszinieren beide durch ihre Simplizität. Paradies und Apokalypse sind funktional äquivalent, denn beide verheißen eine Existenz, für die Lebenszeit und Weltzeit zusammenfallen, d.h. für die es keine Kontingenz mehr gibt. Der Religionsphilosoph Jacob Taubes hat in listigem Anschluss an Gershom Scholem und Leon Festinger einmal formuliert: Der Fehlschlag der Prophetie provoziert Apokalypsen – der Fehlschlag der Apokalypse provoziert Gnosis. Diese Gesetzmäßigkeit bestätigt sich gerade auch in der Geschichte weltlicher Heilsvorstellungen. Rückblickend kann man sagen: Der Plan war – bis zum Zusammenbruch des Kommunismus – das Heilsversprechen der Fortschrittsreligion. Und der Menschenrechts-Humanismus ist heute die Heilsreligion der Demokratie; sie verkündet „Brüderlichkeit", auch Solidarität genannt. Wir kommen gleich darauf zurück.

All diesen Varianten ist gemeinsam, dass sie das Heil als Entropie konzipieren. Man will Gegensätze überwinden, Widersprüche versöhnen – also das Ende des Unterscheidens, gleichviel ob es sich dabei um Klassengegensätze, die Geschlechterdifferenz oder den „clash of civilizations" handelt. Heil hieß und heißt hier immer Ganzheit. Nach dem Scholem/Taubes-Gesetz folgt auf den Fehlschlag der Prophetie also eine neue Apokalypse. Und in der Tat: Weil die Hoffnung auf Erlösung (durch Gesellschaft) enttäuscht wurde, interessiert man sich heute wieder für die Schöpfung (Natur). Und dann müsste man erwarten, dass auf den Fehlschlag der grünen Apokalypse eine neue Gnosis folgen wird.

Jedes Heilsversprechen produziert zugleich Hysterie und Hoffnung. Die Hoffnung auf Erlösung in einer anderen Zeit oder einem anderen Ort nährt sich von der Hysterie einer radikalen Kritik des Bestehenden. Im Licht der Erlösung wird uns erst klar, dass und wie unglücklich wir sind. Jedes Heilsversprechen ist also zugleich Elendspropaganda. Wie Ärzte einen Therapiebedarf produzieren, so schaffen Propheten einen Erlösungsbedarf. Ein Heilsversprechen macht uns erst klar, dass wir Erlösung brauchen.

Die Sehnsucht nach dem Heil entwertet alles, was der Fall ist, zu Requisiten des Unheils und legitimiert die Rücksichtslosigkeit als revolutionäre Ungeduld. Indem es Charisma gegen die Pietät aufbietet, diffamiert das Heilsversprechen die Rechtsordnung. Man ist dann mit gutem Gewissen gegen das Bestehende. Und dabei ist es geradezu von Vorteil, eine „kleine radikale Minderheit" zu sein, denn das Heilsversprechen wappnet gegen die Kontingenz, indem es sie in sich aufnimmt: Nur wenige sind auserwählt. Das Heil in der Schöpfungsordnung suchen die Anhänger der Öko-Religion. Das Heil in der Gnadenordnung erzwingen die Fundamentalisten.

Heilsversprechen verwandeln Unglück und Elend in revolutionäre Energie. Das Urmodell dafür ist wohl die theologische Denkfigur der Felix Culpa: Der Sündenfall im Paradies wird als Glücksfall für die Welt gedeutet. Jetzt kann Gott uns erlösen und wir können uns bewähren. Gerade indem eine Prophetie Strafgerichte ansagt, produziert sie eine *einheitliche sinnhafte Stellungnahme* zum Leben. Und so wird *Lebensführung* qua *Formung des Lebens in der Welt* möglich – Max Webers großes Thema. Die jeder Prophetie implizite Gesinnungsethik bezieht das ganze Leben auf das Heilsziel, das nicht von dieser Welt sein darf.

Nur die Verheißung eines transzendenten Heils kann die systematische Einheit einer autonomen Lebensführung sichern. Gerade das Unglück wird dabei zum Motor des Heils. Die Auferstehung ist zwar das Happy End des Christentums, doch damit ist der „gute Ausgang" in der Welt blockiert. Für das dumpfe Faktum des Unglücks muss man nun aufwendige Theodizee-Formulare bereitstellen. So hatte Calvins Begriff der göttlichen Vorsehung ja den Sinn, jeden Gedanken an Zufall und Glück auszuschließen. Mit dem Unglück dagegen konnte sich das Christentum arrangieren – es war das Inkognito des Heilswegs. Doch damit hat das Christentum die Latte des Heils zu hoch gelegt – jetzt will niemand mehr springen, nämlich den Sprung des Glaubens.

So scheint den christlichen Kirchen die religiöse Urunterscheidung Heil / Verdammnis heute eher peinlich zu sein. Oder anders gesagt: Wenn Gott nur noch der liebe Gott ist, zerfällt die ordnende Differenz von Heil und Verdammnis. Der Humanismus der Kirchen muss dann kompensieren, dass sie die Themen Kreuz, Erlösung und Gnade aufgegeben haben. Schon Nietzsche hat das in aller Deutlichkeit gesehen: *Je mehr man sich von den Dogmen loslöste, um so mehr suchte man gleichsam die Rechtfertigung dieser Loslösung in einem Cultus der Menschenliebe.* Das Residualchristentum der Alle-Menschenliebe weiß nichts mehr von Paulus.

Resümieren wir: Das Heil kommt entweder von Gott, und da ist es zunächst gleichgültig, ob es unser Schöpfer oder ein gnostischer Fremdgott ist. Oder, spezifisch modern, das Heil kommt durch die Gesellschaft, die sich nach Revolutionen als Reich der Freiheit offenbart; hier kann man die Rettung durch Geschichtsphilosophie und progressive Politik beschleunigen. Oder wir finden zum Heil in der Therapie, sei es des Psychoanalytikers, des Homöopathen, des Unternehmensberaters. Oder aber wir suchen das Heil im eigenen Selbst, sei es, dass man für permanente Fitness sorgt, sich an den körpereigenen Endorphinen berauschen, ja Urin trinkt; hierher gehören auch alle Formen der Selbstmedikation und der Optimierung des eigenen Körpers. Die letzte Variante ist natürlich die interessanteste, weil sie die Sorge um das Heil im Selbstbezug oszillieren lässt. Und das könnte die Gestalt der neuen Gnosis sein, die auf den Fehlschlag der grünen Apokalypse folgen müsste.

Die Weltmeister im Guten

Als Max Weber den Gesinnungsethikern seiner Zeit eine Verantwortungsethik entgegenstellte, war dieser Begriff der Verantwortung ein Ausdruck des politischen Augenmaßes und einer gereiften Männlichkeit, die weiß, dass man mit jeder wertorientierten Lebensentscheidung in Teufels Küche gerät. Seither hat sich die Bedeutung des Begriffs Verantwortung geradezu in ihr Gegenteil verkehrt. Terroristen übernehmen weltöffentlich „Verantwortung" für ihre wahnsinnigen Mordtaten, und große Unternehmen blähen sich mit Konzepten wie „Corporate Responsibility" als Große Bürger der Weltgesellschaft auf. Dem entspricht auf der Ebene intellektueller Empfindsamkeit der Anspruch der Gutmenschen, von den Ereignissen der ganzen Welt „betroffen" zu sein. In diesem Kult der Betroffenheit ist Deutschland führend, und wir halten die Erklärung, die der Essayist Hans Magnus Enzensberger hierfür gefunden hat, für zutreffend: Die Deutschen waren die *Weltmeister im Bösen*; deshalb wollen sie heute die *Weltmeister im Guten* sein.

Die Ethik der Weltverantwortung entspringt dem rein religiösen Bedürfnis, inmitten der entzauberten Welt das Mysterium des Humanen wieder zur Geltung zu bringen. Es steht und fällt mit dem Phantasma, der Mensch sei *Mandatar eines Wollens der Natur*. Diese Formulierung stammt von Hans Jonas, dessen Ethik die religiöse Grundstruktur des Humanitarismus besonders deutlich macht. Das „Prinzip Verantwortung" von Jonas ist zentriert um die Begriffe von Furcht und Tabu, um das Humanum und das Heilige. Sein Ausgangspunkt ist das Tabu über den Menschen als Geschöpf Gottes, das heute von der Gentechnik angetastet wird. Von hier startet Jonas einen Generalangriff gegen die wissenschaftliche Entzauberung der Welt. Und dieser Humanitarismus ist stets bereit, in Fundamentalismus umzukippen – so fordert Jonas ausdrücklich: *Unsere so völlig enttabuisierte Welt muß angesichts ihrer neuen Machtarten freiwillig neue Tabus aufrichten.*

Mit der paradoxen Formel von den freiwilligen Tabus meint Hans Jonas Praktiken, die uns das fürchten lehren. Wir sollen uns fürchten vor dem, was wir können. Der Mensch ist sich hier selbst zum bösen Demiurgen geworden, gegen den er Sicherheitsvorkehrungen treffen muss. Technik ist des Teufels, der uns einem Absolutismus des Machbaren unterworfen hat. In dieser Version des Teufelspakts wird Faust, der ja einmal der tragische Held neuzeitlicher Selbstbehauptung war, nicht nur vom Teufel geholt, sondern selbst zum Teufel. Mit anderen Worten: Der faustische Mensch mit seinen technischen Möglichkeiten wird zum letzten und eigentlichen Feind der Menschheit stilisiert.

Das „Prinzip Verantwortung" ist also im Kern eine *Ethik der Furcht vor unserer eigenen Macht*. Eine Angstkultur soll das naturwissenschaftlich-technische Wissen der Gegenwart vermenschlichen. Damit wird Furcht zur ersten Bürgerpflicht – nicht mehr die „Furcht des Herrn", sondern die Furcht des Menschen vor sich selbst. Die Angst des Menschen vor den eigenen Techniken tritt hier die Erbschaft der archaischen Weltangst und der mittelalterlichen Angst vor Gottes Allmacht an. Es ist das große Verdienst von Hans Jonas, diese Denkstruktur so klar herausgearbeitet zu haben, dass sie als religiöses Fundament der fundamentalistischen Grünen erkennbar wird.

So wie in den 60er und 70er Jahren revolutionäres Klassenbewusstsein produziert wurde, wird heute apokalyptisches Umweltbewusstsein produziert – die Bewusstseinsindustrie hat von Rot auf Grün umgestellt. Und wie damals die Roten, so beuten heute die Grünen das Schuldbewusstsein der westlichen Kultur aus. Dabei entfaltet sich eine Dynamik, die jedem Religionswissenschaftler vertraut ist: Die apokalyptische Drohung produziert Heilssorge. Deshalb tritt man der Sekte bei, wirft Bomben im Namen der Unterdrückten und Beleidigten, befreit die Hühner aus den Legebatterien, oder trennt doch wenigstens den Hausmüll. Zugleich wirkt in der apokalyptischen Drohung aber auch die Verheißung, die eigene Lebenszeit mit der entfremdeten Weltzeit endlich zur Deckung zu bringen, die eigene Existenz mit der Welt zu synchronisieren. Sei es der Untergang der Welt oder der Sonnenaufgang des Kommunismus, sei es die Rache der Natur an der Zivilisation oder das Flammenzeichen des Millenniums – das Entscheidende geschieht in Deiner Lebensfrist!

Die grüne Bewusstseinsindustrie ist auf dem Markt der öffentlichen Meinung eben deshalb so erfolgreich, weil sie die Apokalypse als Unique Selling Proposition offeriert. Und Apokalypse heißt stets: Was hier auf dem Markt der Gefühle angeboten wird, war noch niemals da; die Wende der Welt steht mir selbst bevor – als absolutes Erlebnis. Dass dies nicht metaphorisch sondern buchstäblich zu verstehen ist, haben amerikanische Spötter mit drei Lesarten des Hilferufs SOS verdeutlicht, in denen sich konkretisiert, wie die Apokalypse als Ware auf dem Markt der Gefühle funktioniert.

SOS heißt ursprünglich natürlich Save Our Souls – unüberbietbar vermarktet von dem Hollywood-Film „Titanic". Der gescheiterte Präsidentschaftskandidat und Friedensnobelpreisträger Al Gore hat dann die zweite Lesart durchgesetzt: Save Our Selves – unüberbietbar vermarktet in dem Weltkonzert „Live Earth". SOS heißt schließlich, drittens, Save Our Sales. Denn nichts verkauft sich heute in der westlichen Wohlstandsgesellschaft besser als Öko, Bio und Grün. Und längst hat Hollywood diese neue Form der Gehirnwäsche, das „Greenwashing", in eigene Regie genommen; seine Sterne und Sternchen präsentieren uns die Rettung der Welt als gute Unterhaltung.

Doch diese Kunst, aus der apokalyptischen Drohung den Honig der guten Tat und der erfolgreichen Geschäftsidee zu saugen, unterscheidet zur Zeit noch die amerikanische Öko-Religion von der deutschen, die sehr viel mehr auf die Katastrophe als Negativ des Heils fixiert ist. So kann es auch nicht verwundern, dass die empirischen Apokalypsen überwiegend deutsche Phantasien sind. 1837 dichtet der Naturforscher Karl Friedrich Schimper die Eiszeit. 1865 beschwört der Physikprofessor Rudolf Clausius den Wärmetod. 1981 prophezeit der Bodenforscher Bernhard Ulrich das Waldsterben. Nur die Klimakatastrophe verdankt sich nicht deutscher Einbildungskraft: 1988 erfindet James Hansen die „globale Erwärmung".

Diese vier Gestalten der grünen Apokalypse mögen genügen, um ein Zwischenfazit zu ziehen. Die Theologie des Weltuntergangs ist durch die Ökologie des Weltuntergangs ersetzt worden. Und hier handelt es sich um eine präzise Umbesetzung im religiösen Stellenrahmen: Der Untergang der Welt ist das Jenseits als Diesseitserwartung. Statt „Was darf ich hoffen?" fragt die heutige Religiosität „Was muss ich fürchten?" Wenn es nämlich keinen positiven Gegenstand der Verehrung mehr gibt, richtet sich die für jede Religion charakteristische Sehnsucht nach Abhängigkeit auf das Unvorhersehbare, das die alten Griechen Tyche nannten.

So hat sich in der westlichen Welt eine Ökumene der Ängstlichen formiert, die Schützenhilfe von engagierten Wissenschaftlern bekommt. Das läuft dann so: Am Anfang steht die Erfindung einer Krise; die Krise begründet die Notwendigkeit der Forschung; die Bedeutsamkeit dieser Forschungen legitimiert ihre staatliche Finanzierung; die Forschung im „öffentlichen Interesse" braucht eine politische Organisation – und dort entsteht, was Wissenschaftstheoretiker

„scientific bias" nennen. Zu Deutsch: Man findet immer, was man erwartet. Und immer ist es Fünf vor Zwölf.

Die Katastrophe fasziniert offenbar als genaues Gegenbild zum funktionierenden System der modernen Gesellschaft. Keine Statistik, keine Mathematik und keine Erfahrung kann uns auf eine Katastrophe vorbereiten. Die Katastrophe ist nämlich just der Fall, für den man die modernen Techniken von Risikokalkül und Expertenurteil nicht akzeptiert. Rationalität hat hier keine Chance einzuhaken. Gerade beim Thema Global Warming präsentieren sich viele Wissenschaftler als Glaubenskrieger.

Seit dem Fall der Berliner Mauer beobachten Medienwissenschaftler eine Inflation der Katastrophenrhetorik. Offenbar hat das Ende des Kalten Krieges ein Vakuum der Angst geschaffen, das nun professionell aufgefüllt wird. Man könnte geradezu von einer Industrie der Angst sprechen. Politiker, Anwälte und Medien leben ja sehr gut von der Angst. Und eine ständig wachsende Anzahl von Gefälligkeitswissenschaftlern nutzen die Universitäten als eine Art Zulieferindustrie.

Doch nicht nur die Gefälligkeitsforschung der Alarmsignale, sondern auch der Exhibitionismus des Publikums hält die Angstindustrie in Schwung. Es sind gerade die Gebildeten, Engagierten und „Guten", die ihre Angst vor XY öffentlich ausstellen. Nun muss man kein Psychoanalytiker sein, um zu begreifen, dass die Unheilserwartungen die bösen Wünsche der Gutmenschen sind. Im Angsttraum ängstigen wir uns nämlich nicht vor dem Schrecklichen, sondern vor unserem eigenen Wunsch danach. Von dieser Lust am Untergang lebt die Politik der Urängste.

In der Faszination durch die Katastrophe oszilliert aber auch eine Dialektik von Heilsversprechen und Elendspropaganda, die zugleich Hysterie und Hoffnung produziert. Denn die Welt ist noch zu retten, wenn wir alle am Gottesdienst der Vorsorge und Sicherheit teilnehmen. Schon heute ist die Religion des Sorgens und Schützens die eigentliche Zivilreligion der Deutschen. Sie folgen dabei den grünen Hohepriestern, die sie weg von Gott Vater und hin zu Mutter Erde führen. Dieser Kult der Natur, der den Verlust der Gnade kompensiert, gipfelt in „Biophilia" (Wilson), der Liebe zum Lebendigen an sich.

Die Öko-Religion hat durchaus ihre Priester, ihre Pilgerfahrten und ihren Heiligen Gral. Nur dass die jungen Glaubenshelden heute Ölplattformen besetzen und die Rainbow-Warrior gegen finstere Atommächte in See sticht. Greenpeace – das sind die Kreuzritter der heilen Welt. Sie stehen deutlicher als andere Nicht-Regierungsorganisationen für eine neue Religiosität, die auf den Namen „Umweltbewusstsein" getauft ist. Umwelt heißt der erniedrigte Gott, dem die Sorge und die Heilserwartung gelten. Die Heilssorge unserer Zeit artikuliert sich als Sorge um das ökologische Gleichgewicht. Und das bedeutet im Klartext: Für die fundamentalistischen Grünen ist Natur selbst die Übernatur. So funktioniert das Umweltbewusstsein als Quelle einer neuen Religiosität.

Dieses grüne Glaubenssystem ist natürlich viel stabiler als das rote, das es ablöst. Die Natur ersetzt das Proletariat – unterdrückt, beleidigt, ausgebeutet. Die Enttäuschung des linken Heilsversprechens hat apokalyptische Visionen provoziert, nämlich solche vom Untergang der Umwelt. Für eine funktionalistische Betrachtung liegt der Zusammenhang auf der Hand: Weil die Hoffnung auf Erlösung enttäuscht wurde, interessiert man sich wieder für Schöpfung – unter dem Namen Umwelt. Und dabei muss man nicht einmal auf den Rausch der Revolution verzichten. Denn man kann auch die Revolution als innerweltliche Askese verklären – in exakter Gegenführung zu Max Webers puritanischem Kapitalisten. Kämpfen „draußen" heißt dann nichts anderes als: der Weltablehnung in der Welt selbst Nachdruck zu verleihen.

Wer profitiert also vom Niedergang der christlichen Kirchen? Vor allem diejenigen Organisationen, die den unverändert starken religiösen Impuls in ein neues Glaubensschema umleiten können. Wir erinnern uns an die RAF, denken aber auch an den fundamentalistischen Terror und die selbsternannten Retter von Flora und Fauna. Sie alle entfesseln mit dem Gesetz des Herzens den Wahnsinn des Eigendünkels. Die Öko-Religion ist der neue Glaube für die gebildete Mittelklasse, in dem man Technikfeindlichkeit, Antikapitalismus und Aktionismus unterbringen kann.

Hier gilt es nun, ein nahe liegendes Missverständnis auszuschalten. Ökologie als Heilsreligion zu beschreiben, wie wir es gerade getan haben, bedeutet nämlich nicht, das ökologische Komplexitätsbewusstsein zu denunzieren, sondern es von einem neuheidnischen Naturkult zu unterscheiden, der allerdings die Sympathie der Massenmedien auf seiner Seite hat. Diejenigen, die sich mit religiöser Inbrunst der Natur zuwenden, sind von der Geschichte enttäuscht. Und weil sie sich nicht mehr in die Arme der Kirche zu werfen wagen, beten sie grüne Rosenkränze. Die Natur ersetzt Gott als externe Instanz des Urteils über die Gesellschaft.

So hat sich das Devotionsbedürfnis auf die Natur verschoben: die Umwelt als Übernatur. Diejenigen, die es entrüstet als Zumutung von sich weisen, Gott Vater anzubeten, huldigen ganz selbstverständlich einem Kult der Mutter Erde. Und der hat alle Evidenzen der modernen Medienwelt auf seiner Seite; das Foto vom blauen Planeten ist wohl das am häufigsten reproduzierte. Die ikonische Qualität der aus dem Weltraum gesehenen Erde hat der Öko-Religion eine unvergleichliche Aura verschafft. Dieses Bild steht für die Sakralisierung der Erde und die große Rückwendung des menschlichen Interesses von der Vermessung des Unermesslichen zur Sorge um die eigene Endlichkeit.

Das Wunder ist der theologische Begriff für die Ausnahme, die das Gesetz der Natur nicht akzeptieren kann. Da wiegt es besonders schwer, wenn ausgerechnet Hans Blumenberg, der überzeugend wie kein anderer die für die Selbstbehauptung der Neuzeit konstitutive wissenschaftliche Neugier legitimierte, am Ende seiner Beschreibung der kopernikanischen Welt den blauen Planeten Erde als das *Wunder der Ausnahme* feiert. In dieser Pastorale scheint sich der Anti-Absolutist mit den neuen Hirten des Seins zu treffen. Sie wollen die Schöpfung bewahren, statt auf die Erlösung zu hoffen. Doch die entscheidende Differenz liegt in der Hybris der Schöpfungsbewahrer, die sich als Hirten den Seins aufspielen. Und Blumenberg hat sie mit ironischer Schärfe benannt: *Der Mensch besorgt die Sache Gottes, nicht als dessen Nachahmer, sondern als dessen Schadenbereiniger, Nachhilfelehrer, wenn nicht gar als dessen Nachlaßverwalter.*

Der Götzendienst des Ich

Wenn, wie gerade gezeigt, eine Naturidolatrie den Gnadenverlust kompensiert, dann deutet das auf Substitutionsverhältnisse hin, die wir noch etwas genauer charakterisieren müssen. Drei Kandidaten stehen bereit, um den gnädigen Gott zu ersetzen: die gerechte Gesellschaft, die heile Natur und das wahre Selbst. Längst hat unsere Alltagskultur die mittelalterliche Sünde der „incurvitas in se ipsum", also der grübelnden Versenkung in sich selbst, enttübelt und sieht gerade hier den Heilsweg. Konkret funktioniert das so, dass die Rede vom Sinnverlust eine metaphysische Marktlücke für Selbstverwirklichung erzeugt.

Spezifisch modern ist das deshalb, weil die Sinnkrise durch Selbstthematisierung entsteht. Man wird sich selbst zum Problem, weil man keine Aufgaben hat, die einen von sich selbst ablenken. Die Sinnfrage ist also der Kurzschluss des Menschen. Das hatte wohl Eric Voegelin im Sinn, als er von „Egophanie" sprach. Ein schöner Begriff, der nicht nur romantisch klingt, sondern, wieder einmal, die Aktualität der Romantik signalisiert: Jeder will sein eigener Priester sein.

Die Sorge um sich war ja einmal die Sorge um das eigene Seelenheil; und dieses Heil erhoffte man sich von Gott. Seit den großen Revolutionen der Moderne wetteten die Menschen dann auf das Heil durch die Gesellschaft. Und seit Freud bezahlen sie für ihr Heil in der Therapie. Hier ist nun eine Kuriosität sehr aufschlussreich: Immer mehr Menschen ersetzen die Psychotherapie durch eine Ritus-Beratung. Damit wird, erstens, Individualisierung selbst als Religion erkennbar und, zweitens, deutlich, dass die absoluten Iche Bindung brauchen, also „religio".

Religion hat im Lauf der Geschichte ihren Schauplatz gewechselt. Gott als Kultzentrum ist erst durch die Gesellschaft und dann durch das Individuum ersetzt worden. Mit dem Kommunismus endet die Säkularreligion, die den Glauben an die Erlösung durch Gesellschaft gepredigt hat. Der Gottesstaat der Atheisten ist vor unseren Augen zusammengebrochen. Wir glauben nicht mehr an die Verheißungen des Kollektivs. Was tritt nun an die Stelle einer Gesellschaft, die ihrerseits an die Stelle Gottes getreten war? Offenbar das Individuum.

Auch wenn Religionssoziologen zeigen können, wie das moderne Individuum schon vor 500 Jahren auf der Suche nach dem eigenen Heil entstand, wird es als soziale und Heils-Rolle doch erst heute unwiderstehlich. Gerade wenn man, wie die neuere funktionalistische Soziologie, mit Systembegriffen operiert, sieht man nämlich, dass das Individuum kein Teil oder Element der Gesellschaft ist. Man könnte eher sagen: Das Individuum ist aus der Gesellschaft ausgeschlossen. Aber gerade dadurch wird es „transzendent" – also ein brauchbarer Gottesersatz.

Als Individuum macht sich der Mensch zum Kultzentrum einer Religion der Einmaligkeit. Deshalb ist heute Buddhismus angesagt – als Lehre von der Selbsterlösung. Immer wenn von „Selbstverwirklichung" die Rede ist, soll das aus der Gesellschaft ausgeschlossene Individuum die Stelle der Transzendenz besetzen. Die Unergründlichkeit des eigenen Selbst macht dann das dunkle Zentrum der Transzendenzerfahrung aus. Und die Transzendenz im Selbst zu suchen, ist eben die entscheidende Pointe des Buddhismus.

Der große Religionswissenschaftler Mircea Eliade hat einmal gesagt: *Das menschliche Leben wird sinnvoll, indem es die paradigmatischen Modelle, wie sie von übernatürlichen Wesen dargestellt werden, nachahmt.* Sinn kommt in die Welt, indem sich das Heilige manifestiert. Aber in unserer modernen, entzauberten Welt hat sich das Heilige ins Imaginäre zurückgezogen. Zum Beispiel in den Himmel über Berlin oder das Paradies der Werbung. Dort haben seit einigen Jahren die Engel Konjunktur, und das bestätigt die Diagnose, die wir schon im Blick auf die Öko-Religion gestellt haben: Nach dem Kult der Natur kommt der Kult der Übernatur. Bischof Wolfgang Huber hat diesen Kult der Engel neben der Wiedereinführung der Messe auf Latein in der katholischen Kirche als wichtigstes Symptom für eine neue *Ästhetisierung* des Religiösen analysiert. *In Deutschland glauben heute mehr Menschen an Engel als an Gott. Sie wollen ein Gefühl des Behütetseins haben, aber nicht dabei gefordert sein. Sie wollen bewahrt sein, aber nicht zur Rechenschaft verpflichtet.*

Engel verbürgen *im Unsichtbaren einen höheren Rang der Realität.* Sie erscheinen als die Boten des Heilen. Engel sind weder göttlich noch irdisch. Gerade deshalb sind sie die unüberbietbaren spirituellen Embleme unserer Zeit. Sie bieten ein zugleich persönliches und ätherisches Bild des eigenen Ich. Und welche Orientierungsverheißung vom engelhaft Puren und Reinen ausgeht, hat die Kulturanthropologin Mary Douglas sehr schön auf den Begriff gebracht: Reinheit ist der Feind des Wandels, der Zweideutigkeit und der Kompromisse.

Wem das zu spirituell ist, dem bleibt doch die Selbsterregung und die Selbstherausforderung. Man nimmt Drogen, berauscht sich an den körpereigenen Endorphinen – oder an der Droge „Ich". Und das sind durchaus echte Kultformen, denn die haben ihren Adepten stets auch Erholung und Zerstreuung gewährt. Es wäre aber ein Missverständnis zu glauben, der Ich-Kult sei ein Schritt der Befreiung des einzelnen aus den Fesseln der Gesellschaft. Das hat Emile Durkheim schon sehr klar gesehen: *Der Kult, den das Individuum für sich selber und in seinem Innern organisiert, ist, statt der Kern des Kollektivkultes zu sein, nur der Kollektivkult, der für die Bedürfnisse des Individuums hergerichtet ist.*

Im Ich-Kult ist der Mensch weniger souveränes Individuum als – und so hat ihn Freud ausdrücklich interpretiert – unglücklicher *Prothesengott*. Er umstellt sich mit Hilfskonstruktionen der Existenz aus der Welt der Moden, Drogen und Zerstreuungen. Und er ist längst unumkehrbar abhängig von den Hilfsorganen seiner Techniken und Medien. Das mittelalterliche Bild eines harmonischen Regelkreises von Gott-Welt-Mensch-Gott hat die Neuzeit durch die Vorstellung eines Zweifrontenkrieges ersetzt, in dem der Mensch das Chaos „draußen" und das Chaos „drinnen" mit Hilfe seiner Apparate zu bewältigen sucht. Deshalb entspricht jenem Begriff des Prothesengotts präzise die Konzeption der Seele als Apparat. Den *seelischen Apparat,* von dem Freuds „Traumdeutung" spricht, also *das Instrument, welches den Seelenleistungen dient,* sollen wir uns *vorstellen wie etwa ein zusammengesetztes Mikroskop, einen photographischen Apparat u. dgl.* Mehr lässt die Aufklärung von der Seele nicht übrig.

Und gerade deshalb fasziniert in der modernen Gesellschaft das Selbst als Seelenersatz. Das moderne Individuum sucht die Selbsterlösung in der Selbstbezüglichkeit. Damit durchbricht es aber die Selbstbefriedigungsverbote der modernen gesellschaftlichen Systeme. Das ist charakteristisch für die großen gnostischen Selbsterlösungsveranstaltungen – man denke nur an die Französische Revolution oder an Richard Wagners Gesamtkunstwerk. Es ist aber auch charakteristisch für das, was der Soziologe Gerhard Schulze das *Selbstverwirklichungsmilieu* genannt hat; es geht hier stets um die *Entfaltung des inneren Kerns,* nämlich des gnostischen Ich-Kerns, der sich nur „spontan" bekunden kann, weil er in der Black Box der sozialen Existenz eingekerkert ist.

Ulrich Beck spricht in diesem Zusammenhang von einer postreligiösen Theologisierung des Alltags: *Die Entscheidungen der Lebensführung werden 'vergottet'.* Das lässt sich aber auch umgekehrt als Säkularisierungseffekt darstellen, wenn man den nominalistischen Willkürgott des Mittelalters durch das eigenwertige und eigenrichtige Ich umbesetzt. Das göttliche „Quia voluit" wird zum alltäglichen „Weil ich es so will". Das Individuum ist sein eigener Willkürgott geworden. Und so trivial sich dieser Götzendienst des Ich heute auch darstellen mag – er zieht doch die volle Konsequenz aus Nietzsches Überwindung des Atheismus durch ein Antichristentum. Das Selbst, das sich selbst das Heil verheißt, ist bei seinem Gott in die Schule gegangen. Und genau so wollte ja Nietzsche die Religion retten: als Training der *Kraft der Selbsterlösung*.

Doch für die These von Ulrich Beck liegt natürlich auch eine kritisch-christliche Lesart auf der Hand: In der Vergottung der eigenen Lebensentscheidungen wird die postmoderne Selbstverwirklichung auf die mittelalterliche Sünde der „incurvitas in se ipsum" durchsichtig. Und es gibt wohl keine Formel der christlichen Theologie, die heute aktueller wäre als Fénelons Wort vom Götzendienst des Ich. Wer sich selbst sucht, findet sich – das ist seine Strafe. Und er findet sich in der Hölle wieder. Denn dort gibt es, wie Donoso Cortés wusste, kein anderes Pronomen als „ich". So scharf pointiert zwar nur ein katholischer Reaktionär, doch auch ein protestantischer Philosoph hat *die Verdammnis der Hölle* durch *das ewige Verbundensein mit der subjektiven Tat, das Alleinsein mit seinem eigenen, sich selbst Angehörigen* definiert.

Diese Bestimmung findet sich in Hegels großartigem Aufsatz „Glauben und Wissen" aus dem Jahre 1802, der auch heute noch seine Reflexionsüberlegenheit über die Meinungen und Polemiken im Streit um die neue Religiosität beweisen könnte – wenn man ihn lesen würde. Dort wird der Kult des mit seiner Gottlosigkeit prunkenden Ich als *innerer Götzendienst* entzaubert, und „Selbstverwirklichung" nennt Hegel schlicht eine *Unzucht mit sich selbst*. Die antike Anweisung, sich selbst zu erkennen, fordert nämlich nicht zur Selbstbeobachtung auf. Erkenne Dich selbst, dann weißt Du, dass es wichtigeres gibt. Ich bin. Wie komme ich von mir selber los?

Paradox formuliert: Man kommt dem Selbst in der Selbstvergessenheit näher als in der Selbstverwirklichung. Das Selbst ist nämlich nicht der Einzelne, sondern die Selbstvergessenheit in der Aufgabe. Und genau hier kehrt die aus der modernen Welt verdrängte Seele wieder. Aber sie ist eben nicht im „psychischen Apparat" und durch

Introspektion zu entdecken. *Die Seele ist die Aufgabe des Menschen.* Die Bedeutung des Einzelnen bemisst sich nach dem Maße, nach dem er „Beamter" ist, also ein Amt, eine Aufgabe erfüllt.

Wenn aber der Atheismus um der Majestät der Persönlichkeit willen in die Sackgasse des inneren Götzendienstes, also geradenwegs in die Hölle führt, muss die Frage nach dem Selbst aus dem Spiegelstadium der Selbstverwirklichung befreit werden. Und das ist, wie uns nicht nur die Theologen, sondern auch die Psychoanalytiker sagen, nur in der Beziehung auf den ganz Anderen, durch die Öffnung zur Transzendenz möglich. Es gibt keine Persönlichkeit ohne Transzendenz. *Der ganz Andere ist [...] uns innerlicher als wir uns selbst.* Gebildete Leser werden diesen Satz spontan dem klügsten aller Psychoanalytiker, Jacques Lacan, zuschreiben; er stammt aber aus der Feder von Papst Benedikt XVI. Christlicher, also metaphorischer formuliert heißt das: Der Exodus des Herzens ist der dialektische Kern des Glaubens. Man kommt zu sich nur im *Auszug aus sich selber.*

Die Sozialoffenbarung

Einer der phantastischsten Texte der Philosophiegeschichte hat sich als der realistischste erwiesen: Also sprach Zarathustra. Schon die Vorrede inszeniert das Posthistoire, also die Zeit nach dem Ende der Geschichte und des Hegelschen Menschen. Nietzsche zeichnet dort den Letzten Menschen als Gegenteil des Übermenschen. ‚*Was ist Liebe? Was ist Schöpfung? Was ist Sehnsucht? Was ist Stern?*‘ – *so fragt der letzte Mensch und blinzelt. Die Erde ist dann klein geworden, und auf ihr hüpft der letzte Mensch, der alles klein macht. Sein Geschlecht ist unaustilgbar wie der Erdfloh; der letzte Mensch lebt am längsten.* ‚*Wir haben das Glück erfunden*‘ – *sagen die letzten Menschen und blinzeln.*

So steht der Letzte Mensch zwar für das Ende des Menschen, doch dessen Verschwinden in der Spur des toten Gottes hat für Nietzsche nichts Eschatologisches. Posthistoire ist als Zeit des Endes der Geschichte kein endgeschichtlicher Begriff. Gerade der Letzte Mensch wird am längsten leben. Seine Arbeit der Nivellierung zielt auf den Insektentypus, den die großen Ameisenbauten der modernen Städte fordern. Diese totale Uniformierung, die Abschleifung zum Sand der Menschheit, hat Nietzsche dem Christentum und der Demokratie zur Last gelegt. Und so sieht er die Menschen der drohenden Zukunft: *Alle sehr gleich, sehr klein, sehr rund, sehr verträglich, sehr langweilig. Ein kleines, schwaches, dämmerndes Wohlgefühl über alle gleichmäßig verbreitet, ein verbessertes und auf die Spitze getriebenes Chinesentum.*

Warum betont Nietzsche, dass die Letzten Menschen das Glück nicht gefunden, sondern erfunden haben? Das soll besagen, dass es sich um die Narkose der kleinen Gifte und Rauschmittel handelt. Und diese Drogen betrügen den Menschen um seine letzten Kräfte – nämlich die Sehnsucht und die Verachtung. So charakterisiert Nietzsche den Grundvorgang der Moderne als geistige Versklavung durch die langsam fortschreitende Behaglichkeit des Wohlstands.

Um 1900 verbreitete sich der Eindruck, dass die westliche Zivilisation in eine Endphase der Kristallisation eingetreten ist. Ein bloß noch biologisches Auf und Ab ersetzt die Geschichte, die Form erstarrt zur Formel und der Lebensstil versteinert zum Typus. So hat Oswald Spengler den Faust des II.Teils als Herold der traumlosen Erstarrung begrüßt und die Lehre von der Entropie als säkularisierte Götterdämmerung verstanden. Ist die kristalline Zivilisation erst einmal in ihrem Grundriss fertig, so gibt es keine Geschichte mehr, sondern nur noch das Kaleidoskop des Posthistoire – eine Welt fortwährender Veränderungen, in der nichts anders wird.

Auch Alexandre Kojève, der geniale Hegelianer, dem die Nachkriegsintelligenz von Paris zu Füßen saß, hat als Fazit seines Hegelstudiums das Posthistoire verkündet: Geschichte im emphatischen Sinn ist zu Ende. Der große Philosoph Hegel hat gedacht, was zu denken war. Und der große Staatsmann Napoleon hat die revolutionären Energien zum Bestand der Welt universalisiert, mit dem nun zu rechnen ist. Von nun an entleert sich das geschichtliche Geschehen bis zum reinen Als-ob. Alles geschieht nur noch, als ob etwas geschehe. Die Fülle der Ereignisse gehorcht einem stabilen Pattern. Jetzt ist der Prestigekampf um Anerkennung gewonnen, die Knechte sind seit der Französischen Revolution gleiche Bürger, von denen die Macht ausgeht. Wir entfalten nun die Paradoxie der Demokratie als einer Herrschaft ohne Herrscher und Beherrschte. Es gibt keinen Grund und Ansatzpunkt mehr für „Negativität". Nun beginnt das Posthistoire; der nachgeschichtliche Mensch betritt die Weltbühne.

Hören wir Kojève selbst: *Was verschwindet, ist der Mensch im eigentlichen Sinn. Das Ende der menschlichen Zeit oder der Geschichte bedeutet ja ganz einfach das Aufhören des Handelns im eigentlichen Sinn des Wortes. Das heißt praktisch: das Verschwinden der Kriege und blutigen Revolutionen. Und auch das Verschwinden der Philosophie; denn da der Mensch sich nicht mehr wesentlich selbst ändert, gibt es keinen Grund mehr, die Grundsätze zu verändern, die die Basis der Welterkenntnis und Selbsterkenntnis bilden. Aber alles übrige kann sich unbegrenzt erhalten: die Kunst, die Liebe, das Spiel.* So Alexandre Kojève schon in den frühen 50er Jahren. Er hat selbst radikale Konsequenzen aus dieser Diagnose gezogen und seine wissenschaftliche Karriere beendet. Denn wenn die Geschichte am Ende ist, endet auch die „große Politik" – und damit ist auch die Philosophie am Ende. Kojève wurde Beamter in der Europäischen Gemeinschaft.

In der Grunddiagnose herrscht eine verblüffend große Einigkeit unter den Denkern. Der berühmte Buchtitel Francis Fukuyamas – Das Ende der Geschichte und der Letzte Mensch – faßt ja ganz einfach die Positionen Hegels und Nietzsches zusammen. Diese Welt hat dann Max Weber als Gehäuse der Hörigkeit definiert. Verwaltete Welt (Theodor W. Adorno), technischer Staat (Helmut Schelsky) und das „Gestell" (Martin Heidegger) sind nur verschiedene Namen für das Endprodukt eines spezifisch modernen Prozesses, den Arnold Gehlen auf den Begriff der kulturellen Kristallisation gebracht hat.

Es gibt heute weder Herr und Knecht noch Freund und Feind. Posthistoire ist das Weltalter der Langeweile – obwohl doch so unendlich viel geschieht! Ja, es ist gerade die Stabilitätsbedingung dafür, dass wir ertragen, dass sich alles ständig ändert. Und all die Spielereien der Postmoderne haben die Theorie des Posthistoire seither bestätigt: sei es die operative Magie liturgischer Formen, die Dekonstruktivisten betört, sei es das *Raffinement des Aufregungs- und Betäubungsbedürfnisses* der Vielen, von dem Nietzsche so hellsichtig gesprochen hat.

Das Subjekt des Posthistoire ist der Mensch als Haustier des Menschen. Übersetzt in den politischen Alltag heißt das: Die Letzten Menschen Nietzsches sind die Gutmenschen. Ihr Paradies ist Schweden. Wohlgemerkt geht es hier nicht um das Land Schweden (von dem der Autor dieser Zeilen keine Erfahrung hat), sondern um das sozialdemokratische Vorbild Schweden (dessen Ähnlichkeit mit der Wirklichkeit vielleicht nur Schweden beurteilen können). Das ist *die Welt des ‚fröhlichen Roboters'*, von dem Helmut Schelsky und Jacques Ellul gesprochen haben.

Dass es fröhliche Roboter und glückliche Sklaven gibt, ist kein Huxley-Phantasma, sondern die schlichte Konsequenz eines Utilitarismus, der keinen Sinn für Freiheit hat. Und heute scheint der Schlaf der wohlfahrtsstaatlichen Vernunft das Ungeheuer einer Welt als Kinderkrippe und Altersheim zu gebären. In dieser Welt herrscht das Rentnerideal freiwilliger Knechte, die Nietzsche mit größter Präzision als *die autonome Heerde* beschrieben hat. Dann gilt aber: Menschlich ist das, was der Mensch nicht mehr ist.

Für eine derartige Beschreibung der modernen Gesellschaft stand früher ein scharfer diagnostischer Begriff bereit: Dekadenz. Man fasst ihn aus guten Gründen heute nicht mehr gerne an. Denn sein Gegenbegriff lautet Wille zur Macht; so wie der Gegenbegriff zum Letzten Menschen ja der Übermensch ist. Das Potential des Schreckens, das beide Begriffe, Übermensch wie Wille zur Macht, in sich bergen, ist deutsche Geschichte geworden. Deshalb kann man auch an ihre Gegenbegriffe schlecht anschließen. Aber es gibt eine katechontische Fassung des Begriffs Dekadenz: Niedergang ist der Preis, den wir für das Aufhalten des Untergangs zahlen müssen.

Diese Bereitschaft, den Niedergang zu akzeptieren, um den Untergang hinauszuzögern, scheint heute weit verbreitet zu sein. Dekadenz wird nicht als Not, sondern als lebenskluge Bequemlichkeit erfahren. Und man muss schon Philosophen oder Psychoanalytiker bemühen, um hier überhaupt ein Bewusstsein dafür zu wecken, dass dieses Leben nicht lebt. Die fröhlich konsumierenden Roboter spüren nichts von dem, was Heidegger *die Not der Notlosigkeit* nannte – ist es das, was der Begriff Dekadenz einmal meinte?

Fragen wir nach bei denen, die es wissen müssten: Soziologen, Ökonomen, Theologen und Psychologen. Bei Soziologen taucht der Begriff Dekadenz kaum auf, und man könnte deshalb mit dem Soziologiekritiker Nietzsche vermuten: Von Soziologen kann man nichts über Dekadenz erfahren, weil die Soziologie selbst die Dekadenz als Wissenschaft ist. Etwas weiter führt da schon ein Begriff aus dem Jargon der Ökonomen: „discounting the future". Für das Wirtschaftssubjekt rechnet es sich nicht, weit in die Zukunft voraus zu denken; es genügt, die Preise von heute abzulesen. Ein Theologe wird die Dekadenz des Westens in dessen Unfähigkeit begründet sehen, das Religiöse zu denken. Diese These wird sich im Folgenden bestätigen. Und Psychologen würden sagen: Dekadenz ist erworbene Erschöpfung, erlernte Hilflosigkeit. Auch auf diese Interpretation werden wir gleich zurückkommen.

Dekadenz heißt politisch: die soziale Frage. Genau so wie sich die Heuchelei des 19. Jahrhunderts um das Sexuelle drehte, dreht sich die Heuchelei seit dem 20. Jahrhundert um das Soziale. Es ist das Gott-Wort unserer Epoche. Man muss heute nur die Zauberwörter „Selbstverwirklichung" und „soziale Gerechtigkeit" aussprechen, um die Massendemokratie in politische Trance zu versetzen und alle Widerworte zum Schweigen zu bringen. *Das Ich und das Soziale sind die beiden Götzen*, hat Simone Weil einmal sehr schön gesagt – ein Urteil von unglaublicher Hellsichtigkeit und Aktualität.

Unsere Ehrfurchtssperre vor dem Begriff „soziale Gerechtigkeit" ist heute so mächtig, dass man schon zu theologischen Begriffen greifen muss, um sie zu analysieren. Die Religion der sozialen Gerechtigkeit herrscht uneingeschränkt über die Seelen der Letzten Menschen, die längst den Weg vom Seelenheil zum Sozialheil zurückgelegt haben. In der massendemokratischen Religion des Letzten Menschen erweist sich das Soziale als das Pastorale. Und „Reaktionär" heißt nun jeder, der nicht zur Glaubensgemeinschaft der Sozialreligion gehört. Das verführt die Kirche immer wieder zu Zweideutigkeiten zwischen Spiritualität und Politik; man denke nur an das 2. Vatikanische Konzil, das uns, wie Hans Barion mit beißender Ironie bemerkte, die *Sozialoffenbarung* brachte.

In der modernen Welt sind die christlichen Kirchen immer wieder in Versuchung, die kerygmatische Wahrheit der pastoralen Zweckmäßigkeit zu opfern. Doch die gute Nachricht des Evangeliums lautet nicht „soziale Gerechtigkeit". Aus dem Kerygma kann man keine frohe Sozialbotschaft ableiten. Die hier einschlägige Stelle aus dem Matthäusevangelium lautet: *Wenn du vollkommen sein willst, geh, verkauf deinen Besitz und gib das Geld den Armen* – ei thelais telaios: wenn du vollkommen sein willst! Diese alles entscheidende Einschränkung überliest die Theologie des Sozialen. Nur die Vollkommenheitsethik diskriminiert Reichtum als Superfluum und fordert Askese.

Den ersten entscheidenden Schritt zur Vergötzung des Sozialen verdanken wir dem Marxismus und seiner „Religion der Arbeit" (Paul Lafargue). Man muss sich immer wieder vor Augen halten, dass die moderne Verklärung der Arbeit alles andere als eine kulturelle Selbstverständlichkeit ist. Nicht nur für die Antike war die Verachtung der Arbeit selbstverständlich. Seit 1848 aber gibt es den heiligen Arbeiter – heute ist es nicht mehr der Kumpel aus dem Ruhrpott, sondern die Krankenschwester.

Der Schritt von der Religion der Arbeit zur Vergötzung des Sozialen ist dann ganz klein. Es genügt als zusätzliches Element der Kult des Kollektivs – zu Deutsch: die Arbeit tun die anderen. Wer heute einen Job sucht, muss vor allem den Eindruck erwecken, „teamfähig" zu sein. Und Schülern bringt man im so genannten „sozialen Lernen" bei, dass Gruppenarbeit die einzige Lebensform des guten Menschen ist. Kommunikationstraining statt Mathematik!

Teamwork ist ein Euphemismus dafür, dass die anderen die Arbeit tun. Hannah Arendt hatte den fabelhaften Mut, diese Wahrheit ganz unzweideutig auszusprechen: Es gibt nichts, was der Arbeitsqualität fremder und schädlicher wäre als Gruppenarbeit. Die Gruppe ist die Gehirnwäsche, und es ist völlig gleichgültig, ob es sich dabei um Gruppentherapie, Teamtraining oder soziales Lernen handelt – stets geht es um die Austreibung von Individualität und Wettbewerb. Doch das darf man nicht laut sagen. Denn für die Religion des Letzten Menschen gibt es nichts Schlimmeres als die Sünde wider den heiligen Teamgeist.

Gerade haben wir Dekadenz politisch spezifiziert, nämlich als die soziale Frage. Sie definiert heute so ausschließlich das Politische, dass der Politiker seinen Willen zur Macht als Fürsorglichkeit verkaufen muss. Neu ist das nicht, und die Geschichte des Despotismus lehrt uns: Wer sagt, er wolle dem Volke dienen, will sich des Volkes bedienen. Aldous Huxleys Einsicht, dass Wohlfahrt Tyrannei ist, bewährt sich heute an der politischen Rhetorik sozialer Probleme, die uns versklavt. Gerecht zu scheinen, ohne es zu sein, ist jene höchste Ungerechtigkeit, die man „soziale Gerechtigkeit" nennt.

Das Problem liegt nicht darin, dass man – um die Lieblingsmetapher der Sozialoffenbarung zu zitieren: „die starken Schultern" immer stärker belastet. Vielmehr sind die Begünstigten der wohlfahrtsstaatlichen Maßnahmen deren eigentliche Opfer. Denn soziale Gerechtigkeit qua Umverteilung sorgt für die politische Stabilisierung der Unmündigkeit; Sozialpsychologen nennen das „learned helplessness". Die Massenmedien besorgen dann den Rest: Man lernt, sich hilflos zu fühlen, wenn man andere beobachtet, die unkontrollierbaren Ereignissen ausgesetzt sind – z.B. Naturkatastrophen. Massenmedien exponieren uns täglich der Unkontrollierbarkeit.

Und so sehnt man sich nach dem schützenden Vater, der in der vaterlosen Gesellschaft natürlich nur noch der Staat sein kann. Überall in der westlichen Welt steht die politische Linke heute für den Sozialstaatskonservativismus. Und überall wo der Sozialismus real existiert, programmiert er die Gleichheit der Unfreien. Als Wohlfahrtsstaat besteuert er den Erfolg und subventioniert das Ressentiment. Und gerade für die Propaganda der sozialen Gerechtigkeit gilt das Grundkalkül des Ressentiments: Wie groß darf meine Aggression sein, damit sie keine Vergeltung auslöst?

Der paternalistische Staat ist der Hintergrund aller modernen „Emanzipationen". Wir haben es also mit einer handfesten Paradoxie zu tun: In den Befreiungen bekundet sich die Liebe zur Sklaverei. Auch als er noch nicht so hieß, hat der „vorsorgende Sozialstaat" die neuen Untertanen gezüchtet – die betreuten Menschen. Man bekommt diese bittere Wirklichkeit gut in den Blick, wenn man sich der Schelskyschen Unterscheidung selbständig vs. betreut bedient.

Natürlich weigern sich die Betreuten genau so wie die Betreuer, ihre Wirklichkeit mit dieser Unterscheidung zu beobachten; aber nur mit ihr kann man jene Paradoxie der Befreiung aus Liebe zur Sklaverei entfalten. Die Gleichheit der Unfreien gewährt Sicherheit. Doch Sicherheit verdanken die meisten heute nicht mehr dem Gesetz, sondern der staatlichen Fürsorge. Im „vorsorgenden Sozialstaat" schließlich wird die Daseinsfürsorge präventiv: Es wird geholfen, obwohl es noch gar keinen Bedarf gibt. Konkret funktioniert das so, dass die Betreuer den Fürsorgebedarf durch „deficit labeling" erzeugen. Der

Wohlfahrtsstaat fördert also nicht die Bedürftigen sondern die Sozialarbeiter.

Mit beißender Ironie hat Rüdiger Altmann den Kernbestand jeder Theologie des Sozialen als das Recht auf Abhängigkeit definiert. Die Tyrannei der Wohltaten erzeugt jene Sklavenmentalität, die wir gerade als „learned helplessness" charakterisiert haben. Und wenn wir diesen Sachverhalt in politischer Perspektive beschreiben, kommen wir zu dem schmerzlichen Resultat: Der Paternalismus des „vorsorgenden Sozialstaates" ist Despotismus.

Wer diese Formulierung für maßlos überzogen hält, wird vielleicht umdenken, wenn er erfährt, dass sie von Kant stammt. In seinem Aufsatz „Über den Gemeinspruch, das mag in der Theorie richtig sein, taugt aber nicht für die Praxis" heißt es: *Eine Regierung, die auf dem Prinzip des Wohlwollens gegen das Volk als eines Vaters gegen seine Kinder errichtet wäre, d.i. eine väterliche Regierung (imperium paternale), wo also die Untertanen als unmündige Kinder, die nicht unterscheiden können, was ihnen wahrhaftig nützlich oder schädlich ist, sich bloß passiv zu verhalten genötigt sind, um, wie sie glücklich sein sollen, bloß von dem Urteile des Staatsoberhaupts, und, daß dieser es auch wolle, bloß von seiner Gütigkeit zu erwarten: ist der größte denkbare Despotismus.*

Damit sich niemand in den Windungen des Kantischen Satzes verliert, hier noch einmal der Klartext: Wohlfahrtsstaatspolitik erzeugt Unmündigkeit, also jenen Geisteszustand, gegen den jede Aufklärung kämpft. Und so wie es des Mutes bedarf, um sich des eigenen Verstandes zu bedienen, so bedarf es des Stolzes, um das eigene Leben selbständig zu leben. Wie für das Mittelalter ist deshalb auch für den Wohlfahrtsstaat der persönliche Stolz die größte Sünde. Denn das Projekt der Moderne war genau in dem Maße erfolgreich als es das Hobbes-Projekt war, den Stolz durch die Angst zu ersetzen – der Leviathan ist der „King of the Proud".

Vater Staat will nicht, dass seine Kinder erwachsen werden. Und auch diejenigen, die ihr Leben weitgehend unabhängig von staatlicher Betreuung gestalten, bleiben oft genug politische Kinder. Früher war man als Jugendlicher rot und ist dann nachgedunkelt. Heute bleibt man grün, auch wenn man längst grau geworden ist. Man wird nicht mehr erwachsen. Und für dieses kulturkritische Urteil gibt es durchaus Kriterien. Erwachsen ist man, wenn man aufgehört hat, sich die Zukunft als Glück (oder Unglück) auszumalen. Oder anders gesagt: Erwachsenwerden heißt Teleologie durch Evolution zu ersetzen.

Was erwachsen sein bedeutet, hat man früher an Charakteren der Männlichkeit abgelesen. Aber schon bei Max Weber wird der Begriff der „Manneswürde" nur noch trotzig dem Zeitgeist entgegengeschleudert. Männlich heißt hier trostunbedürftig. Das geht auf eine Tradition zurück, in der Weisheit und Männlichkeit zusammengehörten – Philosophie war nicht erbaulich. Diese Tradition endet aber schon mit Nietzsche, der für die Männlichkeit ein letztes Asyl in der Redlichkeit fand.

Das Bewusstsein dafür, dass hier ein Kulturproblem ersten Ranges vorliegt, ist heute verschwunden. Und die Unduldsamkeit, mit dem aktuelle Diskurse alleine schon auf das Wort „Männlichkeit" reagieren, deutet auf ein mächtiges Tabu. Jedenfalls blieb William James' Suche nach einem moralischen Äquivalent des Krieges erfolglos. Zum letzten Mal stellte ein bedeutender Denker die Frage: Wie kann man Männlichkeit in einer pazifistischen Welt bewahren und bewähren?

Über dieser Frage liegen nun hundert Jahre Vergessenheit. Das Posthistoire des Letzten Menschen kultiviert seither die Menschheit ohne Männlichkeit, die geschlechtsneutrale Gesellschaft. Wenn aber, wie die Griechen meinten, Wahrheit etwas ist, was der Vergessenheit entrissen werden muss, dann führt uns die Frage nach der Dekadenz zu jenen Formen, die nun als männlichkeitsfeindliche Ersatzreligionen erkennbar werden: Feminismus, Pazifismus, Environmentalismus, Konsumismus – und über allem thronend die Political Correctness als Ersatzreligion der Akademiker.

Diese Formen der neuen Weltreligiosität haben sich in einem langen „Emanzipationsprozess" herausgebildet. Erst störte die katholische Kirche, dann störte Jesus Christus, dann störte Gott – und am Ende bleibt nur das „Reich" der Gutmenschen. Das goldene Kalb, um das heute getanzt wird, ist der Götze „Mensch". Das müsste für einen Theologen genau so evident sein wie für einen Psychoanalytiker. Man liebt die Menschheit, um Gott verdrängen zu können. Und hier gewinnt die christliche Lehre vom Antichrist eine skandalöse Aktualität. So wie der Antichrist am Ende der Tage kommen wird, um Christus zu imitieren, so erscheint am Ende der Geschichte „Der Mensch" als teuflischer Nachahmer des Menschensohns.

Den Teufel ernst nehmen

Im Bewusstsein einer säkularen Welt lässt sich das Bild der Hölle besser unterbringen als das des Himmels; die Figur des Teufels erscheint evidenter als die Vorstellung von Gott, der ja ohnehin verbietet, sich ein Bild von ihm zu machen. Das legt dem religiös Unmusikalischen nahe, nicht den geraden Weg zu Gott zu suchen, sondern einen Umweg einzuschlagen, nämlich zunächst einmal den Teufel ernst zu nehmen.

Der Teufel ist das Alibi Gottes. Wenn man den Gott des Neuen Testaments mit dem des Alten vergleicht, bemerkt man sofort, dass er sich vom zornigen zum lieben Gott gewandelt hat. Die ursprüngliche Einheit von Gott und Teufel weicht der Entzweiung. Mit anderen Worten: Man braucht den Teufel, wenn Gott nur noch der liebe Gott ist. Auch das Böse ist Mensch geworden, als sich Gott in Jesus Christus inkarnierte – *der Teufel, Gott nachahmend,* wie es bei Karl Rosenkranz heißt. Die List dieser Nachahmung besteht nun darin, dass der Teufel nicht ein Mensch wird, sondern viele. Gegen die Inkarnation Gottes richten sich die Metamorphosen des Teufels. Der Teufel ist plural und vielgestaltig. Das macht ihn attraktiv.

Sympathie für den Teufel ist die Versuchung der Aufgeklärten. Man könnte auch kritischer formulieren: Der Aberglaube der Aufklärung ist die Religion des Teufels. Seine Macht liegt ja in der Arglist, die zur Sünde verführt. Und dieser Arglist erliegen vor allem die Intellektuellen. Es kann deshalb nicht überraschen, dass ein Buch, das die Religion als Gotteswahn denunziert, die Bestsellerlisten der Welt stürmt – und dort auf ein Buch des Papstes über Jesus Christus trifft. Der Teufel verführt zum wissenschaftlichen Gottesbeweis. Dann entzweit sich nämlich die Welt in das Lager der wissenschaftlich Aufgeklärten, die von Big Bang, Evolution und Projektion zu sprechen wissen, und in das Lager der frommen Ignoranten, die an Schöpfung, Jungfrauengeburt und Auferstehung glauben.

Für den Frommen nimmt die Versuchung durch den Teufel eine doppelte Gestalt an. Für die erste steht die Formel „Gott als Illusion", die Sigmund Freud vor hundert Jahren noch taktvoll fragend vorgebracht hat und die von Richard Dawkins heute so vulgär wie erfolgreich vermarktet wird. Dass sich dieser antichristliche Furor gerne moralistisch maskiert, hat Papst Benedikt XVI. sehr gut gesehen: *Zum Wesen der Versuchung gehört ihre moralische Gebärde. [..] Sie gibt vor, das Bessere zu zeigen: die Illusionen endlich beiseitezulassen und uns tatkräftig der Verbesserung der Welt zuzuwenden.* Und auch wenn der Teufel dem Menschen seinen Gott lässt, wird er ihm doch deutlich machen, dass es wichtigeres gibt als die Gottesfrage. Das ist die zweite Gestalt der Versuchung des Frommen: Gott als Privatsache.

Die Aufgeklärten versucht der Teufel natürlich intellektuell. Der Teufel ist ein Betrüger; aber er kann auch mit der Wahrheit lügen. Dass er Logiker ist, weiß man seit dem Mittelalter. Modern wurde er Dialektiker: alle Polizisten sind Kriminelle, alle Sünder sind Heilige, wir alle sind die Mörder der Kennedys. Und postmodern, wir werden das gleich sehen, gibt sich der Teufel als Kybernetiker zweiter Ordnung.

Sympathie für den Teufel zu hegen, ist also die spezifische Intellektuellenversuchung – ob sie sich nun hinter Nietzsche und Freud oder neuerdings hinter Niklas Luhmann versteckt. Der Teufel hat Gott überlebt, er wurde nicht wie dieser widerlegt. Nicht der Himmel der Liebe sondern die Hölle des Unbewussten hat sich aufgetan – „Luzifer-Amor" wie Sigmund Freud am 10. Juli 1900 namensmagisch in einem Brief an Wilhelm Fließ formulierte. Und wem diese Aufklärung nicht abgeklärt genug ist, der kann heute den Teufel als den besseren Beobachter feiern.

Gott ist widerlegt, der Teufel nicht. Das ist eine großartige Formel, aber Nietzsche macht zu wenig daraus. Die Botschaft vom Tod Gottes beweist die Existenz des Teufels. Sie wird Nietzsche sogleich zur Formel absoluter Selbstermächtigung, die sich durch zwei Grund-Sätze begründet: 1) Wenn es einen Gott gäbe, hielte ich es nicht aus, kein Gott zu sein – also gibt es keinen. 2) Wenn man den „genius malignus", den (hypothetischen!) trügerischen Dämon, der uns bei allen Denkoperationen täuscht, nicht widerlegen kann, muss man selbst dieser Dämon sein. Diese einfachen Umkehroperationen legen dann eine ebenso einfache Zielbestimmung nahe – *die Heiligung der mächtigsten furchtbarsten und bestverrufenen Kräfte, im alten Bilde geredet: die Vergöttlichung des Teufels.*

Doch diese Übermensch-Rhetorik hat nicht überzeugt. Die Moderne hat den Teufel nicht vergöttlicht, sondern verdrängt. Und seither ist der Teufel das Verdrängte als Person. Achten wir deshalb auf die entstellten Formen seiner Wiederkehr. Das 18. Jahrhundert hatte die Hölle erledigt; im 20. Jahrhundert kehrte sie wieder. Und zu Recht hat Joachim Fest Hitler als theoriewidrige Erscheinung bezeichnet. Hitler ist seither der Teufel für die Ungläubigen.

So wie Hitler auch heute noch mehr Mythos als Geschichte ist, widersetzt sich das Dritte Reich insgesamt der Historisierung durch Fachleute und bleibt das Zentralereignis einer Religionsgeschichte des Bösen. Wer hier die Gelassenheit distanzierter Betrachtung aufbringt, kann leicht erkennen, dass Auschwitz der negative Gottesersatz des kritischen Bewusstseins geworden ist. Und das hat gravierende geschichtspolitische Folgen. Die Political Correctness konstruiert die deutsche Kultur als Vor- und Nachgeschichte von Auschwitz. Dabei lautet die Grundbedingung jeder Auseinandersetzung mit dem Dritten Reich, dass sie nicht zu einer Entschuldigung der Deutschen führen darf. Und gerade die jedem Historiker selbstverständliche Vergleichsperspektive verletzt dieses Tabu. Das hat nicht nur Ernst Nolte zu spüren bekommen. Wer die absolute Singularität des Holocaust bestreitet und ihn mit anderen Völkermorden vergleicht, wird heute behandelt, als würde er ihn leugnen. Es war deshalb hochriskant, als Sergio Romano in seinem Brief an einen hebräischen Freund das geschichtspolitisch korrekte Verhalten zu Auschwitz und dem Holocaust als Sakralisierung des Massenmordes charakterisierte. Die weltweit wütenden Reaktionen wecken doch tiefe Skepsis gegenüber Hermann Lübbes Überzeugung, dass *der Nationalsozialismus in seiner vollständigen Historisierung enden* werde.

Doch zurück zu den Intellektuellen, die Darwin, Nietzsche und Freud gelesen haben und sich damit gegen die Wirklichkeit des Teufels immunisieren. Das geschieht heute aber nicht durch Leugnung, sondern in einer attraktiven, ironisch formalisierenden Haltung, die man als Entübelung des Diabolischen bezeichnen könnte. Sympathie für den Teufel setzt seine ästhetische bzw. erkenntnistheoretische Entübelung voraus. Im biblischen Urszenario ist Satan der Ankläger, der Paraklet ist der Verteidiger. Diese klare Unterscheidung wird geradezu diabolisch unterlaufen durch die Figur des Advocatus Diaboli. Das ist der Fürsprecher dessen, der unterscheidet, der Anwalt des Beobachters.

Gott ist der Eine; erst der Teufel setzt die Differenz. Gott sprach – aber erst durch den Teufel kommt dann Dialog in den Logos. Und ganz logisch kann sich dann der Teufel als Reflexionswert Gottes verstehen. Gott selbst unterscheidet ja nicht zwischen Gott und Welt. Das überlässt er dem Teufel. Der tritt zunächst in der Philosophie, etwa als „genius malignus" bei Descartes, und dann in der Theorie auf, etwa bei dem Soziologen Niklas Luhmann, der den Teufel als den Versucher rehabilitiert, der als erster versucht hat, Gott zu beobachten.

Teuflisch nämlich ist es, das Ganze zu beobachten – weil man sich schon deshalb für besser halten muss. Das Ganze zu beobachten, bedeutet eben auch: Gott zu beobachten. Man kann Gott lieben, aber nicht beobachten. Deshalb haben die Theologen den Teufel verteufelt – durchaus zu recht. Aber gerade darin, in der Beobachtung Gottes, erweist sich der Teufel ja als guter Theologe. Die Theologen konkurrieren nämlich insgeheim – sind sie selbst des Teufels? – mit dem Teufel um die Beobachtung Gottes.

Das wirkt auf fromme Seelen auf den ersten Blick vielleicht wie ein Taschenspielertrick reflexionsverliebter Intellektueller. Doch man wusste schon immer, dass der Teufel gerne als Theologe auftritt und die Heilige Schrift sehr gut kennt. In Wladimir Solowjews „Kurzer Erzählung vom Antichrist" verleiht ihm die Universität Tübingen den Titel eines Ehrendoktors der Theologie. Und es zeugt von großartiger Weitsicht, dass Solowjew seinen Antichrist ein Buch schreiben lässt, das den Titel trägt „Der offene Weg zu Frieden und Wohlfahrt der Welt" – es ist die Gegenbibel.

Man kann die Geschichte vom Teufel als Beobachter Gottes auch so erzählen, dass sie uns den Teufel vollends sympathisch macht, indem sie ihm „tragische" Züge verleiht. Triff eine Unterscheidung – das ist die Anweisung, die Gott seinem Lieblingsengel gibt, der damit die Welt verletzt – und der dadurch zum Teufel wird. Seine Kraft, die, indem sie das Böse will, das Gute schafft, ist die Differenz. Und gesellschaftlicher Fortschritt heißt eben: Entzweiung höher schätzen als Identität. Gut und Böse, Liebe und Hass, Krieg und Frieden, Freund und Feind – dass diese Gegensätze dann in der Neuzeit als fortschrittsnotwendig erkannt werden, *schafft dem Teufel neue Sympathien.*

Der Teufel nimmt das Kreuz der Unterscheidung auf sich, die Verletzung der Welt durch die Differenzen, die Arbeit der Zuspitzung des Unterschieds zum Widerspruch – aus Liebe zu Gott! Die Unterscheidung, mit der sich der Teufel auf Befehl Gottes von Gott abgrenzt, um ihn beobachten zu können, ist demnach eine Entscheidung *für Gott gegen Gott*. Damit ist die Entübelung des Diabolischen vollendet – ein ästhetisch eleganter und erkenntnistheoretisch anspruchsvoller Gedanke. Wenn man derart davon abstrahiert, dass der Teufel der Böse ist, zeigt er sich als der Urbeobachter. Mit anderen Worten, der Teufel ist der ewige Beobachter, von dem die Menschen das Unterscheiden lernen. Man muss seine List bewundern, den Unterscheidungsbefehl Gottes in eine Logik, eine Proto-Logik zu verpacken.

Der Teufel hat das Kreuz des Unterscheidens auf sich genommen. Übersetzt in eine Ethik der Erkenntnistheorie heißt das dann: Es gibt keine Entlastung von der Eigenverantwortung für die Wahl des Unterscheidens. Diese eigenverantwortlich getroffene Unterscheidung ist nicht richtig, nicht verbindlich, aber auch nicht beliebig. Will man sie positiv bestimmen, dann muss man einen Kontext wählen. Und wählt man den christlichen Kontext unserer europäischen Tradition, dann kann man *die Unausweichlichkeit der Eigenverantwortung* als *eine mit Liebe gegebene Freiheit* begreifen.

So kann man den Teufel sehen, wenn man davon abstrahiert, dass er der Böse ist; wenn man den Diabolos etymologisiert; wenn man ihn romantisch zum Proto-Logiker und Urbeobachter stilisiert – kurzum: wenn man ihn nicht ernst sondern symbolisch (also das diabolon als sym-bolon!) nimmt. Der Teufel als Maskottchen des Konstruktivismus – wie sympathisch. Aber die Frommen wissen (!) – sie wissen es aus der Göttlichen Komödie – dass diese Indifferenz gegenüber dem Bösen noch schlimmer ist als das Böse. Der harte Fels, auf dem jedes theologische „Argument" aufruht und an dem jeder Versuch einer Versöhnung mit dem Geist der modernen Wissenschaften zerschellt, ist die Gewissheit, dass man glauben muss, um erkennen zu können. Wer nicht an den Fürsten dieser Welt glaubt, wird nicht erkennen können, was sie im Innersten zusammenhält.

Bekanntlich erzählt die Apokalypse, dass nach einem Kampf (polemos) im Himmel der furchtbare Drache, der Diabolos oder Satan heißt, weil er die ganze Welt verführt und uns Tag und Nacht vor Gott verklagt hat, auf die Erde stürzt. Nun kommt er zu den Menschen mit großem Zorn (thymos) – und dem Bewusstsein, dass ihm nur noch eine kurze Frist (kairos) bleibt. Die Offenbarung des Johannes 12,12 belehrt uns, dass der Teufel weiß, dass er wenig Zeit hat. Deshalb bietet er je und je alle Unheilsenergie auf. Zweifel und Schmerz des Jesus am Kreuz; die Schrecken erst des konfessionellen Bürgerkriegs, dann des Blitzkriegs; die Ermordung der Kennedys und der Terrorangriff auf das World Trade Center – er war da und hat sein rätselhaftes Spiel gespielt.

Seit die Prädestinationslehre die Auserwählten von den Verdammten unterschied, hat wohl kaum eine Unterscheidung so stark skandalisiert wie die zwischen Freund und Feind. Dass sich in Saddam Hussein Hitler reinkarnierte und die Tyrannen der Jetztzeit eine

„Achse des Bösen" bilden, klingt in aufgeklärten Ohren unerträglich obskurantistisch. Denn der Humanitarismus der Intellektuellen kennt prinzipiell keine Feinde. Hier verpuppt sich die Angst vor dem Feind in der Angst vor dem Begriff des Feindes. Aber Feindvergessenheit ist der Sieg des Teufels. Deshalb muss der Kampf gegen den Teufel mit der Bestimmung des Feindes beginnen. Der katholische Staatsrechtler Carl Schmitt hat genau in diesem Sinne vom *ganz konkret erscheinenden Teufel von heute* gesprochen. Man muss ihn je und je beim Namen nennen.

Wenn man diese Welt betrachtet, gibt es keine Evidenz für einen Gott – wohl aber für den Teufel. *Mit der Wirklichkeit rechnen heißt mit dem Teufel rechnen.* An den Teufel zu glauben ist deshalb der Realismus der Frommen. Man könnte auch sagen: Der Teufel garantiert den Realismus der Frommen. Es gibt nämlich zwei Arten des Frommseins, eine idealistische und eine realistische. Die Franziskaner knien vor Maria, doch die Dominikaner kämpfen gegen den Teufel. Auch für Luther war das Leben ja ein Kampf gegen den Teufel – geführt, wenn nötig, mit einem Tintenfass. Und nichts schien ihm gefährlicher als die behagliche Hoffnung, *daß der Teufel sei jenseits dem Meer, und Gott sei in unserer Taschen.*

Die Weltgeschichte beginnt für den frommen Realisten mit Kain und Abel, also mit einem Brudermord. Ihre Seiten des Glücks bleiben unbeschrieben. So lässt Byron Kain fragen: Bist du glücklich? Und Luzifer antwortet: Wir sind mächtig! Das bestimmt seither den Begriff des Politischen. Der Teufel ist der Fürst dieser Welt; er steht auf der Seite des Fortschritts und des Erfolgs; er ist die Macht der Geschichte. Und der erste Satz einer politischen Theologie müsste eigentlich lauten: Souverän ist, wer ungestraft das Böse tun kann.

Nicht erst für René Girard, sondern schon für Max Weber und Freud ist der Teufel die Gewalt. Er zeigt sich in der Aggression und ist vor allem in der Politik zu Hause. Politik ist Gewalt, also diabolisch. Die Frage ist nur, ob man ihr entkommen kann, oder sich mit ihr arrangieren muss. Politik als Beruf ist Max Webers Antwort: das rationale und zugleich männliche Arrangement mit der alles gesellschaftliche Leben durchdringenden Gewalt. Und auch Freuds Antwort ist klar: die Anerkennung des Bösen im Menschen als Aggressionstrieb – wovon die politischen Kinder aber nichts hören wollen.

Das sind religiös unmusikalische, ja atheistische Antworten. Niemand aber hat das Leben der Menschen radikaler im Zeichen der Gewalt gesehen als René Girard – radikal bis zur Obsession. Seine

Apologie des Christentums ist ein Akt der Notwehr. Es geht im Kern um die Wiedergewinnung der Transzendenz. Denn nur die Macht der Transzendenz kann den Teufelskreis der Gewalt durchbrechen. Nicht das Christentum sondern die Allzumenschlichkeiten von Neid und Rache haben uns in eine Welt des Ressentiments gebannt. Und ob man nun an Public Envy (zu Deutsch: soziale Gerechtigkeit), also den Neid zugunsten den öffentlichen Wohls, oder an den alltäglichen Ostrazismus der Massenmedien denkt – überall herrscht Girards Imitationskonflikt, Jacques Lacans Begehren des anderen. Das eigentliche Sozialgefühl ist der Neid. Und der Teufel ist der Teufelskreis der Rache.

Wenn wir nun aber vom Christentum lernen können, dass nur die Macht der Transzendenz den Teufelskreis der Gewalt durchbrechen kann, dann ist der Satan *die falsche Transzendenz der Gewalt*. Sein Bild ist das Maximum an Problembewusstsein, das man „in der Welt" gewinnen kann. Gott schuf den Menschen nach seinem Bilde, und der Mensch schuf den Teufel nach seinem Bilde. Deshalb erscheint der Teufel oft auch als dummer Teufel, als Sündenbock, als „homo sacer" oder „pharmakos".

In der Moderne gibt es kein Containment mehr für Gewalt – und Leidenschaft. Wer hier tiefer loten möchte, müsste einmal René Girards „Imitationskonflikt" und Denis de Rougemonts „passionierte Liebe" als Komplementärprobleme interpretieren. Der Glaube an den Teufel war das christliche Containment der Gewalt. Doch in der modernen, also funktional differenzierten Gesellschaft entfallen die Regulierungen des Imitationskonflikts durch Religion und soziale Schichtung. Die asketischen Formen der Ritterlichkeit bis hin zu den Konventionen des Gentleman leisteten ein Containment der Passion. Doch in der Welt der Massenmedien ergießt sich der Content aus Gewalt und Leidenschaft über die massendemokratische Kultur.

Teufel – das heißt für den Frommen: es gibt zwei (!) Weltmächte: Liebe vs. Tod. Der Gegner des Teufels ist die Liebe. Und das gilt nicht erst für die christliche Agape, sondern schon für den heidnischen Eros. Seit Platons Politeia im Namen des Politischen den Eros als Tyrannen denunzierte, kämpft der Gott der Liebe gegen den Dämon der Politik. Doch nicht nur gegen den Leviathan, sondern auch gegen jenen Teufel als Beobachter und seine Unterscheidungen steht nur das Kalkül der Liebe, das alle kontingenten Unterscheidungen und souveränen Entscheidungen suspendiert. Dass es sich in dieser Liebe nicht um Sentimentalität sondern um ernste Arbeit handelt, hat Papst Benedikt XVI. durch eine schöne Analogbildung zum Verb

„aufarbeiten" verdeutlicht: Es gehe darum, das Böse durch Liebe *aufzuleiden*.

Man muss gar nicht dogmatisch bestreiten (- in einer Art negativem ontologischem Teufelsbeweis -), dass es den Teufel „gibt". Der Teufel hat kein Sein, er ist der reine Parasit, die bloße gewalttätige Mimetik der so genannten zwischenmenschlichen Beziehungen, der Herr der Opferlogik, das Lügennetz des Sozialen. Der Teufel ist also parasitär, und schon das Mittelalter wusste, dass Satan der Inbegriff der mimetischen Geschicklichkeit ist. Was z.B. unterscheidet die Einflüsterungen des Teufels von den Inspirationen des Heiligen Geistes? Engel und Teufel, Heiliger und Dämon – das sind ästhetische Doppelgänger.

Nachdem die Hölle im 20. Jahrhundert wiedergekehrt war, hat sich der Teufel als Gutmensch verkleidet. Der Teufel ist heute jene Kraft, die stets das Gute will und stets das Böse schafft. Das Gute ist nämlich der Traum des Bösen. Das hat Nietzsches Genealogie der Moral genau so deutlich gezeigt wie Freuds Psychoanalyse. Und der Teufel selbst ist Logiker genug, um unwiderleglich zeigen zu können, wie gerade die Definition des Guten das Böse erzeugt. Das Böse ist also mit unserer Moralität koextensiv.

Aber es tritt heute eben nicht mehr „satanistisch" sondern gerade umgekehrt: „katharisch" auf. Gutmenschen – so haben sich die Katharer selbst genannt. Die Gutmenschen sind Sündenbockjäger zweiter Ordnung. Der Sachverhalt klingt kompliziert, wird aber sofort evident, wenn man ihn in theologische Begriffe übersetzt: Satan ahmt Christus nach. Die Gutmenschen sind die antichristliche Macht unserer Zeit; sie pervertieren die Sorge um die Opfer, die Toleranz und den Frieden. Mit anderen Worten: Der Teufel spricht heute die Sprache der Opfer.

Um das zu verstehen, ist es hilfreich, sich noch einmal daran zu erinnern, dass Satan der Ankläger ist – eine außerordentlich attraktive Position. J'accuse! Und spätestens seit den Nürnberger Prozessen ist es gerade unter deutschen Intellektuellen eine Klugheitsregel, sich in die Anklägerposition zu bringen. War zu Zeiten der Theodizee noch Gott der Angeklagte (unde malum?), so sind seit der Erfindung der Geschichtsphilosophie immer „die anderen" schuld gewesen. Im Blick auf die Anklagerituale der Massenmedien spricht man im Amerika von „The Blame Game" – und dieses Spiel ist des Rätsels Lösung. Perfektioniert haben es die Deutschen durch die Form der Selbstanklage: Wir sind schuld an Armut, Krieg und Umweltverschmutzung.

Tribunalisierung ist das satanische Ritual der Gutmenschen. Sie warnen, mahnen und klagen an, um – das hat Odo Marquard ebenso klar wie folgenlos gezeigt – das Gewissen zu sein, das sie nicht haben. Das gute Gewissen ist eine Erfindung des Teufels, sagte Albert Schweizer einmal. Und die Gutmenschen haben daraus ein gut florierendes Geschäft gemacht. Der Teufel tritt heute also gerade auch als Ethiker auf, der die Wut des Anklagens und Verfolgens entfesselt und die Religion der absoluten Humanität predigt. Damit zeigt er sich auf der Höhe der Zeit, denn durch nichts lassen sich moderne Menschen leichter verführen als durch das Versprechen von „pax et securitas" – Frieden und Sicherheit.

Das satanische Gutmenschentum hat bekanntlich eine eigene Sprache entwickelt, und sprachlich leben wir heute immer noch im Jahre 1984. Die Political Correctness ist Orwells Newspeak, in der die Lüge zur Moral erhoben wird. Dass der Teufel der Vater der Lüge heißt, macht seine brennende Aktualität aus. Er steht für den geistigen Selbstmord durch jene politische Korrektheit, in der die Diffamierung als Aufklärung auftritt. Mit den Worten, die Arnold Gehlens Buch über Moral und Hypermoral beschließen: *der Antichrist trägt die Maske des Erlösers, wie auf Signorellis Fresco in Orvieto. Der Teufel ist nicht der Töter, er ist Diabolos, der Verleumder, ist der Gott, in dem die Lüge nicht Feigheit ist, wie im Menschen, sondern Herrschaft. Er verschüttet den letzten Ausweg der Verzweiflung, die Erkenntnis, er stiftet das Reich der Verrücktheit, denn es ist Wahnsinn, sich in der Lüge einzurichten.*

Die zweite populäre Gestalt, die der Teufel in der Jugendkultur der 60er Jahre angenommen hat, ist der Dandy. Um zu verstehen, wie es dazu kommen konnte, muss man sich an die ästhetischen Helden der Neuzeit erinnern. *Wer an den Teufel glaubt, der gehört ihm schon*, sagt Serenus Zeitblom und bringt damit die Hilflosigkeit des Humanismus angesichts der spezifisch neuzeitlichen Bereitschaft zum Heilsverzicht in die Form einer vollendeten Paradoxie. Doch schon bei Goethe wird Faust ja nicht mehr vom Teufel geholt. *Umgekehrt: Faust holt den Teufel.* Der Versuchte ist selbst der Versucher. Das wird in der ästhetischen Moderne zur Attitüde.

Dass der Mensch zum Teufel wird, hat der Hegel-Schüler Karl Rosenkranz aus einem unersättlichen *Hunger nach Ichheit* abgeleitet, den wir heute sicher Selbstverwirklichung nennen würden. Die Mahnung Kafkas, das „Erkenne Dich selbst" nicht mit „Beobachte Dich" zu verwechseln, verhallte ungehört. *Aus den unruhig ermatteten, genußgierig impotenten, übersättigt gelangweilten, vornehm cynischen, zwecklos gebildeten, jeder Schwäche willfahrenden, leichtsinnig lasterhaften, mit dem Schmerze kokettierenden Menschen der heutigen Zeit hat sich ein Ideal satanischer Blasirtheit entwickelt.*

Prägnanter kann man die Vulgär-Gnosis unserer Zeit nicht charakterisieren: den Kult des Bösen in der Pop-Kultur. Indem er das Sakrament durch das Sakrileg ersetzt, erweist sich dieser Kult des Bösen als eine inverse Religion. Und damit wird auch die Janusköpfigkeit des Teufels als Gutmensch und Dandy verständlich. Denn gerade in einer Gesellschaft der Gutmenschen, die die „Menschheit" vergöttlicht, kann der Dandy als Antichrist auftreten. Mick Jagger war Oscar Wildes Luzifer: *his lips were like a proud red flower*. Wie kein zweiter verkörperte er den Teufel als Dandy, präsentierte *Luzifer als infernalisches Mannequin*, das man auf dem Laufsteg des Open-Air-Konzerts feierte – at her satanic majesty's request. Und die Gutmenschen feierten ihren Pop-Gottesdienst dann im Namen von „Jesus Christ, Superstar" – der Teufel selbst hätte es nicht besser formulieren können.

Wie wird der Kampf mit dem Teufel enden? Bekanntlich glauben die Christen daran, dass Jesus wiederkehren wird, um den Widersacher zu vernichten. Doch nun sind schon zweitausend Jahre verstrichen, ohne dass der Endkampf stattgefunden hätte – und das muss man den Gläubigen erklären. Paulus hat es im Zweiten Brief an die Thessalonicher 2,4-9, mit der Geschichte vom Katechon versucht. Der Widersacher (ho antikeimenos) wird einmal den Tempel besetzen und vorgeben, Gott zu sein. Der Antichrist wird erscheinen wie Christus und Wunder tun – er ist, mit Erik Petersons großartiger Formel, *der Automat Satans*. In den Worten des Paulus nach der Einheitsübersetzung: *Der Gesetzwidrige aber wird, wenn er kommt, die Kraft des Satans haben. Er wird mit großer Macht auftreten und trügerische Zeichen und Wunder tun.* (2.Thess. 2,9)

Dass der Gesetzwidrige (ho anomos) bis heute nicht offenbar geworden ist, liegt daran, dass es einen gibt, der ihn jetzt noch aufhält (ho katechon). Der Katechon ist der Aufhalter des Antichrist, und so wie der Antichrist nimmt auch der Katechon in der Geschichte immer wieder konkrete Gestalt an. Das ist das christliche Geschichtsbild, das der katholische Staatsrechtler Carl Schmitt gezeichnet hat. Um die Geschichte post Christum natum sinnvoll zu finden, muss es demnach möglich sein, für jede Epoche den Katechon zu benennen, dessen Leistung je und je darin besteht, das Erscheinen des Antichrist und das Ende des Weltalters aufzuhalten. Schmitt nennt hier ganz konkret die christlichen Kaiser und das „Reich", aber auch die großen Aufhalter des Islam und des Anarchismus.

Das Geschichtsbild des Katechon kennt die Beschleuniger und Verzögerer des Endes – aber auch jene Zögerlichen, die die Aufgabe des Katechon verfehlen und dadurch zu *Beschleunigern wider Willen* werden. Die Katechontik verleiht der christlichen Geschichtsbetrachtung einen heilsgeschichtlichen Halt, der es Carl Schmitt ermöglicht, der mythischen Selbstverklärung der neuzeitlichen Selbstbehauptung in der Figur des Prometheus eine Gegenfigur christlichen Handelns entgegenzustellen: den christlichen Epimetheus. In scharfer Antithese zur prometheische Technik des Fortschritts ist christliches Handeln Aufhalten und Vorgebot.

Indem Carl Schmitt die Figur des Katechon, von der Paulus ja noch eindeutig sagt, dass sie „weggetan" (Luther), beseitigt werden muss, historisch positiviert, verändert er die Vorzeichen: Die Katechontik ersetzt die Apokalyptik. Wenn das Ende naht, wird Selbstbehauptung sinnlos. Der Katechon überwindet ja die *eschatologische Lähmung*; er ist die *Geschichtskraft*, die das Böse niederhält. Geschichtsbewusstsein wird erst möglich, wenn die Eschatologie ausgeschlossen ist; das leistet die Idee des Katechon.

Immer wieder verkörpert sich der Teufel, und immer wieder tritt ein Katechon auf, der ihn niederhält. Es ist also das Ärgernis für den Glauben, die Parusieverzögerung, die dem Katechon seinen Platz gibt. Und das erweist die Kirche als legitime Geschichtskraft. Schopenhauer hat erkannt, dass gerade die unendliche Parusieverzögerung, die Enttäuschung der eschatologischen Erwartung als Beweis für die Echtheit des Evangeliums verstanden werden kann. Wäre die frohe Botschaft erst hundert Jahre nach Christus und ohne Fundierung in gleichzeitigen Dokumenten verfasst worden, so hätten sich die Autoren die Peinlichkeit einer unerfüllten Prophezeiung gewiss erspart. Die Antwort an die zweifelnden Gläubigen lautet: Das Ende ist noch nicht gekommen, weil es je und je aufgehalten worden ist. Und hier zeichnet sich schließlich der konservative Grenzwert jeder Katechontik ab: Der Gnadenschatz der Kirche macht die Eschatologie überflüssig.

Der französische Soziologe Emil Durkheim hat „désir" und „sacré", also das Begehren und das Heilige als die Grundelemente des Sozialen herausgearbeitet. Doch während heidnische Religionen das Begehren vergöttlichen, stellt das Christentum das Begehren in den Umkreis der sieben Todsünden: avaritia (Habsucht), luxuria (Wollust), gula (Maßlosigkeit) superbia (Stolz), ira (Zorn), invidia (Neid), acedia (Trübsinn).

Die Frage nach den Quellen des Begehrens führt uns zunächst natürlich zu Freuds psychoanalytischer Theorie der Sexualität. Aber es gibt noch eine zweite Quelle, zu der uns René Girard und Jacques Lacan geführt haben: die Rivalität. Beide Theorien harmonieren sehr gut, denn Girard ersetzt Freuds Begriff des Aggressionstriebs funktional äquivalent durch den der mimetischen Rivalität.

Entscheidend ist hier die Einsicht, dass Rivalität eine besonders intensive Form der Bindung darstellt. In dem Kampf, den Girard Imitationskonflikt nennt, kämpft man nämlich gegen den, den man nachahmt. Sinnvoll ist jeweils das, was der andere begehrt. Und solange das Begehren nicht anerkannt ist, sieht man es nur im anderen – dem Rivalen. So erklärt sich die quälende Unerfüllbarkeit unserer Wünsche, von der „vanitas" des Mittelalters bis zur „vanity" der Nationalökonomie Adam Smiths. Zeit unseres Lebens sind wir in die Imitationskonflike von Neid und Eifersucht verstrickt.

Statt, wie es heute so beliebt ist, die Gewalttätigkeit der Menschen sozialpsychologisch wegzuerklären, sieht René Girard dem Schrecken des „homo natura" ins Auge: Die Gewalt ist ohne Grund. Das wird im christlichen Dogma von der Erbsünde anerkannt; sie ist das christliche Apriori. Im theologischen Stellenrahmen ersetzt die Erbsünde das unerfüllbare Gesetz der Juden, und ein Psychoanalytiker könnte sagen, dass das Gesetz nun im Unbewussten verankert ist. Aber das Gesetz zu erfüllen ist für den Juden so unmöglich und notwendig wie für den Christen seinen Nächsten zu lieben.

Das christliche Gebot der Nächstenliebe ist so unerfüllbar wie das jüdische Gesetz. Und derart kommt die Schuld in die Welt. Für den Religionsphilosophen Jacob Taubes ist deshalb *Schuld konstitutiv für den Menschen*. Man kann es auch so sagen: Das Gebot der Nächstenliebe thematisiert erstmals den Imitationskonflikt, denn der Nächste ist der Rivale. Dafür hat Hans Blumenberg Worte wohlgeformter Resignation gefunden: *Das sterbliche Wesen kann nicht leben ohne die Schuld, wegen seiner endlichen Lebenszeit den Nächsten als den Rivalen um jedes Lebensgut nicht lieben zu können.*

Dass die Gewalt ohne Grund ist, impliziert, dass dem Menschen jede instinktive Hemmung fehlt. Ein funktionales Äquivalent für die instinktive Hemmung findet der Einzelne nur im anspruchsvollen Lebensprogramm der Askese und die Gesellschaft im Ritual, das die Gewalt gleichsam täuschen soll. Wie der Imitationskonflikt der Rivalen zeigt, zielt die Gewalt auf den Nächsten – und das verleiht dem christlichen Gebot der Nächstenliebe seine Schlüsselstellung in der Bestimmung des Menschen. Die spezifisch monotheistische Lösung des Problems besteht also in einer Verschiebung der Gewalt in die Transzendenz. Das Heilige ist die nach außen projizierte Gewalt des

Menschen. Deshalb kann keine Gesellschaft auf Religion verzichten. Das Religiöse entwendet dem Menschen die Gewalt und verwandelt sie in Transzendenz. Und von nun an gilt für jede Gewalt, die von Menschen ausgeht: Nur eine Transzendenz kann sie legitimieren.

Doch die Überwindung der ursprünglichen Gewaltsamkeit durch ihre Verschiebung in die Transzendenz geht nicht ohne Gewaltsamkeit ab. Davon berichtet das Christentum in der Geschichte vom Gekreuzigten und davon berichtet Freud im Mythos vom Urvatermord. Den entscheidenden Umschaltmechanismus hat aber erst René Girard durchschaut: Der Gewalt aller gegen alle wird dadurch ein Ende gesetzt, dass sie in eine das gesellschaftliche Leben überhaupt erst ermöglichende Gründungsgewalt gegen den Sündenbock verwandelt wird. Sehr prägnant spricht Girard hier von einer *Einmütigkeit minus eins*.

Der zentrale Gegenstand des Religiösen ist demnach der Sündenbock-Mechanismus. Das versöhnende Opfer des Sündenbocks verwandelt die grundlose Gewalt in Gründungsgewalt. Und seither ist jeder Konsens ein Konsens minus eins, setzt jede Einmütigkeit einen Schuldigen voraus, verdeckt jedes Thema ein Anathema. Durch diesen Mechanismus des versöhnenden Opfers schützt also die Religion die Gesellschaft vor ihrer eigenen Gewalt. *Die religiöse Vorbeugung* gegen Gewalt kann durch keine andere gesellschaftliche Leistung ersetzt werden.

Dieser Wahrheit ist keine Religion näher gekommen als das Christentum, denn der Ritualmord an Christus steht im Zentrum des christlichen Glaubens. Die Passionsgeschichte offenbart den Sündenbockmechanismus; es ist die Geschichte vom grundlosen Hass gegen ein unschuldiges Opfer. Und Jesus wusste, dass dieser grundlose Hass aus dem kollektiven Unbewussten aufsteigt – *sie wissen nicht, was sie tun* (Lukas 23,34). Mit dieser Enthüllung überbietet das Christentum jede Aufklärung und weist zugleich den dialektischen Ausweg aus dem Gewaltzusammenhang. Aus den Imitationskonflikten von Neid und Eifersucht befreit nur die Imitation eines transzendenten Vorbildes – die imitatio Christi. Die schreckliche Wahrheit wird also nicht verdrängt, sondern vergöttlicht.

Glaube und Wissen

Man kann sich um die Gretchenfrage drücken, indem man sich mit Religion beschäftigt; so wie man sich um eine Psychoanalyse drücken kann, indem man Freud liest. Und beide Vermeidungstechniken ergänzen sich gut, denn gerade die Psychoanalyse ermöglicht es, die Frage danach, wie man es selbst mit der Religion hält, durch die Frage zu ersetzen, warum andere Religion nötig haben. Doch nur scheinbar haben wir es hier mit einem Wissen zu tun, das den Glauben hinter sich lässt. Ein kleiner Perspektivenwechsel genügt nämlich, um zu sehen, dass der Atheismus selbst ein Glaube ist – nämlich der Glaube an den Unglauben. Die Ungläubigen brauchen den Glauben an die Nichtexistenz Gottes. „Außer Dienst" heißt ein Paragraph in „Also sprach Zarathustra", in dem sich dieser vom letzten Papst belehren lässt. Der Papst nennt den gottlosen Zarathustra *den Frömmsten aller Derer, die nicht an Gott glauben;* er ist zur Gottlosigkeit bekehrt, sein Unglaube eine Form der Frömmigkeit.

Der Atheist leugnet Gott immer im Namen eines unbekannten Gottes. Zwar stilisiert er sich gern als unerschrockenen Aufklärer, doch in Wahrheit sucht er Entlastung. Der Atheist leugnet Gott, um sich nicht mit ihm vergleichen zu müssen. Aber immerhin macht er sich noch die Mühe, Gott zu leugnen. Atheisten nehmen die Religion ernst. Und deshalb findet ein frommer Mensch zwar niemals Zugang zur Welt des Irreligiösen, aber er sieht auch keine Schwierigkeiten, mit einem Atheisten ins Gespräch zu kommen. Karl Barth hat diese Begegnung zur Kraftquelle seiner Theologie gemacht. Von Gott abzufallen, ist nämlich ein Akt des Glaubens. Und hier ist aus der Perspektive des Frommen eigentlich nur noch ein Schritt zu tun, denn der Glaube ist der überwundene Unglaube.

Der aufklärerische Furor, mit dem ein atheistischer Wissenschaftler heute die Bestseller-Listen stürmt, markiert keinen Fortschritt im Bewusstsein der Gottlosigkeit, sondern ist gerade ein Symptom dafür, dass der zur Selbstverständlichkeit gewordene Säkularismus der modernen Welt heute von einer neuen Religiosität herausgefordert wird. Immer mehr Menschen glauben nicht mehr an den Unglauben. Sie suchen nach einem Leben jenseits von Atheismus und Utilitarismus. Doch die Erzengel der Aufklärung versperren ihnen den Rückweg in die christlichen Kirchen. So gewinnt man leicht den Eindruck: Viele Leute möchten glauben, aber sie wagen es nicht.

Doch was hat die atheistische Selbstsicherheit eigentlich erschüttert? Schon Mitte des 19. Jahrhunderts zeichnet sich das Problem deutlich ab. Nachdem der Protestantismus die Menschwerdung Gottes in Christus zur Vermenschlichung Gottes zugespitzt hat, bleibt innerhalb des christlichen Denkens noch ein weiterer Schritt zu tun. Es geht für den Hegelianer Ludwig Feuerbach darum, an Stelle des Gottmenschen den endlichen Menschen selbst als wahres Wesen des Christentums zu feiern. Feuerbach erhebt also den sterblichen, endlichen Menschen an Stelle des Gottmenschen zum wahren Wesen des Christentums.

Da ist natürlich die umgekehrte Lesart genau so evident: dass nämlich diese atheistische Thronerhebung des Menschen nur das letzte Inkognito des Christenglaubens selbst ist. Und genau das hat dann Max Stirner den junghegelianischen Emanzipationsprogrammen entgegengehalten. Stirner entlarvt den Atheismus als hartnäckigste Form der Frömmigkeit. Im Atheismus wird lediglich die vakant gewordene Systemstelle des christlichen Gottes durch Den Menschen umbesetzt. Den Ausweg aus diesem Dilemma weist dann die „Gott ist tot"-Formel, die Hans Blumenberg *Nietzsches größten rhetorischen Coup* genannt hat. Nietzsches grundlegende Einsicht besteht nämlich darin, dass der Atheismus gescheitert ist. Und deshalb setzt er an die Stelle der Gottesverleugnung den Gottesmord.

Das lässt sich nicht mehr überbieten, und auch Freuds Aufklärung folgt noch dieser Spur Nietzsches. Doch mit Stirner und Nietzsche hat eben zugleich die Aufklärung der Aufklärung begonnen, und sie muss sich eine theologische Interpretation bieten lassen, nämlich aus der Perspektive einer Religion nach der Aufklärung: Aufklärung war die Flucht des Menschen vor dem allmächtigen Gott in den Atheismus. Und es war das Selbstmissverständnis der Aufklärung, in der Religion einen Feind zu sehen. Denn Christentum ist selbst schon Aufklärung – als Religion.

Man erkennt den klassischen Aufklärer an zwei Eigenarten. Zum einen heißt Aufklärung für ihn, die Bibel als Literatur zu lesen. Zum andern wendet der Aufklärer in Glaubensfragen immer die Zauberformel „x ist nichts anderes als y" an. Hier ein Beispiel: *Das Wunderbare ist demnach nichts anderes als ein vermummtes Wahrscheinliches.* Nichts anderes als – das ist der aufklärerische Gestus des Entlarvens.

Doch die Rache Gottes besteht darin, dass er die Aufklärer, die das Geheimnis der Religion entlarven wollen, mit Verständnislosigkeit schlägt. Die Dialektik der Aufklärung besteht heute darin, dass Aufklärung, die einmal Europa vom religiösen Fundamentalismus befreite, selbst fundamentalistisch geworden ist; man denke nur an Richard Dawkins und seinen Kreuzzug gegen die Religion. Wie vor zweitausend Jahren weckt die Offenbarung Glauben oder Wut.

Während Kenneth Burke Gott noch als „Term" neutralisierte, naturalisiert Dawkins Gott zum „Mem", also einer Art Gen des Geistes. Gott erscheint hier als kultureller Virus, der das Gehirn parasitiert, d.h. als ein sich selbst reproduzierendes Informationsmuster. Das ist der ironische Gottesbeweis der Gen- und Hirnforschung. Ihr Naturalismus entlastet von Freiheit und Schuld. In diesem Lichte betrachtet erscheinen nicht nur die islamistischen Terroristen als Opfer einer Gottesinfektion. Nun können sich alle Delinquenten wissenschaftlich dagegen wehren, für ihre Untaten zur Verantwortung gezogen zu werden. Und genau das dürfte der entscheidende Grund für die Popularität dieser Forschungen sein. Sie bieten in der Sprache modernster Wissenschaft ein funktionales Äquivalent zur religiösen Erlösung von der Schuld.

Hier scheint sich wieder Max Webers Einschätzung zu bestätigen, Wissenschaft sei *die spezifisch gottfremde Macht*. Er hat ja die Aufklärung als unaufhaltsamen Prozess des okzidentalen Rationalismus beschrieben und dafür die poetische Formel von der Entzauberung der Welt gefunden. Diese Formel bekommt ihr Profil erst im Gesamtkontext von Webers religionssoziologischen Analysen. Die okzidentale Entzauberung der Welt wird nämlich gemessen an der asiatischen Religion der Welt als *Zaubergarten*. Am Ende des Modernisierungsprozesses, also der Entzauberung der Welt durch Wissenschaft, kommt es dann zur Konfrontation von Gott und Maschine.

Das ist auch das Pathos von Richard Dawkins – doch es geht ins Leere. Wissenschaftliche Erkenntnisse haben heute nämlich keine religiöse Bedeutsamkeit mehr. Dafür gibt es drei Gründe. Moderne Wissenschaft hat, erstens, ein rein konstruktivistisches Selbstverständnis, d.h. sie verzichtet auf jeden emphatischen Wahrheitsanspruch. Wenn es aber in der Wissenschaft nur noch um Konstruktionen geht, muss sich die Religion nicht mehr von ihr bedroht fühlen. Wissenschaft weiß, zweitens, dass wir immer mehr immer weniger wissen. Mit der Expansion des Wissens wächst das Nichtwissen – und damit der Glaubensbedarf. Wir wissen unendlich viel – nur ich nicht. Gerade der Fromme weiß, dass Wissen und Nichtwissen gemeinsam wachsen. Moderne Wissenschaft ist, drittens, so hochabstrakt, dass wir ihre Befunde und Hypothesen nicht mehr mit der Interpretation unserer Lebenswelt vermitteln können. Diese prinzipielle Unnachvollziehbarkeit der modernen Wissenschaft für den Laien macht Religion in Sachen Weltanschauung konkurrenzlos. Darwin war eine Gefahr für die Kirche – Dawkins ist es nicht mehr. Und die szientistischen Fundmentalisten können der Sekte der Creationisten eigentlich dankbar sein dafür, dass sie den Schein erzeugt, die Wissenschaft habe heute noch einen Gegner.

Nur im historischen Rückblick ist heute noch das Pathos der Selbstbehauptung verständlich, das Hans Blumenbergs Verteidigung der Legitimität der Neuzeit gegen theologische Absolutismen getragen hat. Die Urszene der Neuzeit sieht so aus: Ein Abgrund tut sich auf. Jetzt kann es den Schwindel des Blicks in die Tiefe geben (Pascal), oder den Entschluss, eine Brücke zu bauen (Leonardo). Neuzeitliche Selbstbehauptung heißt, nicht auf Transzendenz zu wetten, sondern auf die Immanenz von wissenschaftlicher Neugier und technischem Mut zu setzen. Aber nicht nur die Transzendenz Gottes, sondern auch die Selbsttranszendenz der Liebe wird dem Projekt der Neuzeit geopfert. Die Neuzeit will sich nämlich nichts schenken lassen – und kennt deshalb keine Gnade.

Pathetisch behauptet sich der neuzeitliche Mensch damit nicht nur gegen die Übermacht der Natur, sondern auch gegen die Hoffnung auf Erlösung. Hier erreicht das Verhältnis von Glaube und Wissen den Zustand reinster Antithetik. Denn während für den Frommen die Selbstbehauptung als jene Selbstermächtigung des Menschen erscheinen muss, die das Dogma der Erbsünde meint, erzählt Hans Blumenberg in genauer Umkehrung der Perspektive die Geschichte von der Selbstaufwertung der Vernunft als Depotenzierung des Absoluten. Ganz konsequent mündet diese Legitimierung des wissenschaftlich-technischen Neuzeitprojekts denn auch nicht nur in eine Theorie der Gewaltenteilung bzw. *Gewalteinteilung* gegen das Absolute, sondern auch in ein Lob des Polytheismus.

In der Selbstbehauptung der Neuzeit geht es genau darum, ob an die Stelle des göttlichen Befehls der Selbstbefehl treten kann; ob der Mensch sich aus sich selbst heraus autorisieren kann. Den heroischen Gipfel dieses Projekts haben dann Hermann von Helmholtz und Charles Darwin erklommen: den absoluten materialistischen Immanentismus der modernen Wissenschaft. Das ist der Endpunkt einer viertausendjährigen Entwicklung, deren entscheidende Stadien der Psychologe Julien Jaynes in seinem großartigen Buch „The Origin of

Consciousness and the Breakdown of the Bicameral Mind" herausgearbeitet hat:
– Im zweiten Jahrtausend vor Christus verstummten die Stimmen der Götter.
– Im ersten Jahrtausend starben auch die letzten aus, die jene Stimmen noch hörten, nämlich die Orakel und die Propheten.
– Im ersten Jahrtausend nach Christus gehorchten die Menschen den Weisungen der Götter, soweit sie in heiligen Texten aufbewahrt waren.
– Im zweiten Jahrtausend nach Christus verlieren diese Schriften ihre Autorität.
– Die Neuzeit wendet sich in der großen wissenschaftlichen Revolution von der Offenbarung der heiligen Schriften ab und ersetzt deren Autorität durch die Autorität der Natur; man liest Gottes Sprache in der Natur.
– Im 19. Jahrhundert säkularisiert sich die Wissenschaft selbst und sucht die Quelle aller Autorisierung nur noch im Menschen selbst.

Erst befehlen dem Menschen die Stimmen der Götter, dann die Orakel, dann die heiligen Schriften, dann die Natur – und zuletzt muss er sich selbst befehlen. Doch seit die Helden der theoretischen Neugierde abgetreten sind, hat die moderne Wissenschaft dieses Pathos eingebüßt. Seit Platon zielt ja die wissenschaftliche Erkenntnis auf eine hinter der bloßen Erscheinungswelt liegende eigentliche Realität. Doch heute trifft sie dort nur noch auf sich selbst. Diese Reflexivität unterläuft aber den Vernunftanspruch der Aufklärung. Und seither schafft Wissenschaft nur noch Wissen ohne Gewissheit. Es gilt heute als gesichert, dass die Grundlagen der Wissenschaften unsicher sind.

Eine solche Wissenschaft ist nicht mehr skandalträchtig. Weder fühlt sich der moderne Mensch von ihren Ergebnissen betroffen, noch kann er für sie ein Maß an der eigenen Erfahrung finden. Denn jede moderne Wissenschaft desanthropomorphisiert; weder kennt sie das Maß des Menschen, noch lässt sie diesen im Mittelpunkt stehen. Mit dem Mikroskop und heute der Nanotechnologie erobert sie die Welt des viel zu Kleinen; mit dem Teleskop erforscht sie unvorstellbare Weiten. Ordnung und Substanz hat die moderne Wissenschaft durch System und Funktion ersetzt; die allmächtige Evolutionstheorie räumt dem Menschen nur ein paar Atemzüge der Erdgeschichte ein. Und weder in der neueren Theorie der Medien, noch in der Analyse des Unbewussten spielt der Mensch eine Rolle.

Gerade die Unbelangbarkeit des Menschen durch den Prozess der theoretischen Neugierde ermöglicht aber eine friedliche Koexistenz zwischen Glaube und Wissen. Für diese Möglichkeit steht Stephen J. Goulds Akronym NOMA: „non-overlaping magisteria", also zwei sich nicht überschneidende Lehrbereiche von Wissenschaft (Fakten) und Religion (Bedeutsamkeit). Beim Licht der Wahrheit verhält es sich demnach wie beim natürlichen Licht. Es gibt zwei Theorien, die beide richtig, aber nicht vereinbar sind: Wissenschaft und Religion (analog zur Wellen- und Korpuskulartheorie des Lichts). Die beiden richtigen Lehrformen über das, was man über die Welt wissen muss, konkurrieren aber auch nicht miteinander. Die Theorie der Evolution belehrt über das Wie des Seienden, und der Glaube an die Schöpfung beantwortet die Frage nach dem Warum des Seienden.

Doch auch wenn man auf eine Ökumene des Geistes von Religion und Wissenschaft hofft; auch wenn man Kultur als Einheit von Vernunft und Religion begreift, muss man doch deutlich sehen, dass es einige unüberwindliche Hindernisse für jeden Dialog von Glauben und Wissen gibt. Goulds NOMA besagt ja eben auch: Es gibt keine Einheit von Glauben und Wissen, sondern nur friedliche Koexistenz. In diesem Bewusstsein müssten beide Gesprächspartner die Differenzen pflegen.

So steht jede Soziologie der Religion vor dem Problem, dass ihr Gegenstand ihre Theorie gar nicht akzeptieren darf. Es gäbe gar keine Religion, wenn es nicht Leute gäbe, die nicht glauben, dass man Religion soziologisch verstehen kann. Wer als frommer Mensch glaubt, will eigentlich nichts von der gesellschaftlichen Funktion der Religion wissen. Denn der Gläubige behauptet ja durch seine Frömmigkeit, dass die Erfahrung des Außeralltäglichen das Alltägliche verändert. Für den Gläubigen gibt es die Ungläubigen – aber eben nur für sie. Er kann nicht zu der neutralen soziologischen Beobachtung kommen, dass man ohne Religion leben kann.

Umgekehrt haben die Gläubigen das Problem, dass die Wissenden nicht glauben können, dass auch ihr Wissen auf einem Glauben beruht. Man müsste die, die glauben zu wissen, dazu bringen, zu wissen, dass sie glauben. Deshalb hat die Religion heute das Problem der Platonischen Höhle: Man kann den „wissenden" Höhlenbewohnern nicht klar machen, dass es ein Draußen des Glaubens gibt. Wenn man aber einen aufgeklärten Menschen nicht von Gott überzeugen kann, dann bleibt dem Glauben im Dialog mit dem Wissen nur eines: Bekehren statt überzeugen!

Die weltweite Kollaboration der Wissenschaftler und ihr gemeinsames Werk der Weltobjektivation im Dienste zivilisatorischen Fortschritts bietet dem Menschen die Gelegenheit, seine Subjektivität zu vergessen. Über dieses Subjekt, das sich in den Kommunikationen des Wissenschaftsbetriebs verliert, schreibt der Psychoanalytiker Jacques Lacan mit beißender Ironie: *Es kann in seiner täglichen Arbeit effektiv an dem gemeinsamen Werk mitarbeiten und seine Freizeit vom Kriminalroman bis zur Memoirenliteratur, von Pädagogikvorträgen bis zur Orthopädie von Gruppenbeziehungen mit allen Annehmlichkeiten einer überwuchernden Kultur ausstaffieren, die ihm Stoff bietet, seine Existenz und seinen Tod zu vergessen und zugleich in falscher Kommunikation den besonderen Sinn seines Lebens zu verkennen.*

Für unser Thema ist es weniger interessant, dass es bedeutende Naturwissenschaftler gibt, die sich als Christen bekennen, sondern dass wir auch jeden atheistischen Wissenschaftler, der die Struktur der Welt bewundert, als religiösen Ungläubigen verstehen können. Der Wissenschaftler glaubt an die Wissenschaft, der Astrologe glaubt ans Horoskop, der Fundamentalist glaubt an die Heilige Schrift. Man denkt mit dem, was man glaubt; und jeden hat ein Glaube im Griff. Die Gläubigen bekennen ihren Glauben, die Ungläubigen sind die Sklaven ihres Glaubens.

In der Regel glaubt man, was andere glauben, weil sie es glauben. Das gilt gerade auch für Wissenschaftler, die natürlich lieber von „Paradigma" sprechen. Wissen ist ein gut sondierter und dann als Objektivität institutionalisierter Glaube. Das hat Willard Van Orman Quine gemeint, als er davon sprach, dass jede Erkenntnistheorie auf einem zweckmäßigen Mythos beruhe. Um es mit einer beliebten Metapher neuerer Erkenntnistheorie zu sagen: Der Glaube ist der blinde Fleck der Erkenntnis.

Wer erkennt, dass alle Erkenntnis in einem Glaubensrahmen statt hat, und dass die letzte logische Ebene eines Arguments das Bekenntnis meines persönlichen Glaubens fordert, hat keine Angst mehr vor Dogmatismus und Orthodoxie. Es geht hier um das Bewusstsein, in jedem Akt der Erkenntnis von unbewiesenen Glaubensüberzeugungen ausgehen zu müssen. Michael Polanyi hat dafür ein grandioses Bild gefunden: den Auszug aus dem Paradies der Narren. Seine explizite Einladung zum Dogmatismus fordert uns auf, noch einmal vom Baum der Erkenntnis zu essen, um noch einmal die Unschuld zu verlieren – diesmal aber die erkenntnistheoretische Naivität, zu glauben, objektive Gültigkeitskriterien des Wissens könnten uns von der persönlichen Verantwortlichkeit für unsere ebenso unbeweisbaren wie unwiderlegbaren Glaubensüberzeugungen entlasten.

Wenn wir die Frage nach dem Verhältnis von Glaube und Wissen auf die Theorie-Ebene hochreflektieren, geht es um das Verhältnis von Theologie und Wissenschaft. Die Wissenschaft unterscheidet System und Umwelt, innen und außen. Die Theologie unterscheidet Immanenz und Transzendenz, Sein und Nicht-Sein. Mit der Hamlet-Frage kann die moderne Wissenschaft nichts anfangen. Ihr Konstruktivismus, der ja ständig Unterscheidungen prozessiert, muss doch diese eine Unterscheidung als fatal tabuisieren: Sein oder Nichtsein. Diese Unterscheidung reicht an den Grund der Welt heran und provoziert die Frage, was denn vor allen Unterscheidungen ist. Nur Theologen können hier antworten, etwa mit Nikolaus von Cusa, der gesagt hat, dass Gott vor allen Unterscheidungen ist. Oder mit anderen Worten: Dass die Welt ohne Grund ist, ist der Grund an Gott zu glauben.

Demnach besteht nicht nur soziologisch sondern auch epistemologisch die Funktion der Religion darin, das Ausgeschlossene einzuschließen – eben nicht nur die aus der modernen Gesellschaft Ausgeschlossenen, sondern auch das Ausgeschlossene des Denkens. Denn in der Wissenschaft ist jede Konklusion immer auch eine Exklusion. Nun hat aber die Theologie im Verhältnis zur Wissenschaft das Problem, die Wirklichkeit Gottes als nur dem Glauben wahrnehmbar darstellen zu müssen. Schon deshalb kann Theologie niemals Wissenschaft im Sinne des Aufklärungsprozesses der theoretischen Neugierde sein. Wenn Theologie nämlich eine echte Wissenschaft wäre, müsste sie ständig etwas Neues sagen können über – Offenbarung. Und sie müsste negieren, also auch gegen Gott argumentieren können. Daraus folgt für das Verhältnis von Theologie und Wissenschaft, dass die Theologie akzeptieren muss, keine Wissenschaft zu sein, und die Wissenschaft akzeptieren muss, niemals die Funktion der Religion erfüllen zu können.

Theologie ist keine Wissenschaft, aber sie kann den Respekt der Wissenschaft vor der Religion erwarten. Wissenschaftlicher Geist ist, so der Soziologe Niklas Luhmann, die Paradoxie eines Bekenntnisses zum Nichtbekenntnis. Ein Wissenschaftler kann beten, dass ein Experiment gelingt; aber während des Experiments muss er sich Gott vom Leib halten. Ähnliches gilt im Verhältnis zur Ethik. Ein Wissenschaftler kann Skrupel haben, die Ratten im Labor zu quälen. Aber es gibt kein moralisches Urteil in der Wissenschaft, und Forschungsverbote sind sinnlos. Deshalb ist das Umkehrproblem, nämlich inwieweit die Wissenschaft Respekt von den Gläubigen erwarten darf, sehr viel gravierender.

Hinter der Frage nach dem Verhältnis von Glaube und Wissen versteckt sich oft die Absicht, Wissenschaft wieder dem moralischen

Urteil zu unterwerfen. Denn für den Frommen bleibt das Wissen versucherisch: der Biss in den Apfel. Deshalb kann man heute so leicht die Gentechnik als eine Art „Gott spielen" diabolisieren. Akademische Freiheit heißt für den Frommen streng genommen: Wissenschaft ist des Teufels. Wissenschaft kann nämlich nicht akzeptieren, dass die Gottesbeobachtung untersagt ist. Der Versucher versucht zu unterscheiden, wo Unterscheidung verboten ist. Auch der Theologe beobachtet ja Gott – aber ehrfürchtig. Ganz anders der Soziologe der Religion. Er sieht, dass Gott Geheimnisse hat – und das kann er als Wissenschaftler nicht respektieren. Das Verbot stimuliert zur Übertretung, das Geheimnis zur Aufklärung. Und wenn die Wissenschaft auf „Göttliches" trifft, lauten ihre Befunde stets: Es ist nichts als....

Wohlgemerkt: Die Soziologie weiß es nicht besser als die Theologie. Die Wissenschaft kann nicht von Gott sprechen; sie kann nur beschreiben, wie andere das tun. Den einen genügt es, dass Gott nicht widerlegt werden kann, um an ihn zu glauben. Den anderen genügt es, dass Gott nicht bewiesen werden kann, um ihn zu ignorieren. Natürlich: Ein Wissenschaftler kann glauben. Aber *als* Wissenschaftler kann er den Sinnanspruch der Religion allenfalls interessant finden.

Die Entfernung der Wissenschaft von Gott ist heute genau so groß wie die von Geld oder Macht. Wenn hier Ironie erlaubt wäre, könnte man sagen: Gott kann alles, nur eines nicht – sich irren. Errare humanum est; es ist eine spezifische Fähigkeit des Menschen. Und das bedeutet umgekehrt, dass Unfehlbarkeit aus der Perspektive der Wissenschaft ein Gebrechen ist. Die Wissenschaft muss sich also Gott vom Leib halten; und das tut sie, indem sie auf die Differenz von Immanenz und Transzendenz verzichtet. Transzendenz transzendiert nämlich genau die Welt der Unterscheidungen, in der die moderne Wissenschaft sich entfaltet. Das betrifft nicht nur den christlichen Gott, sondern auch den Gott der Aufklärung: die Vernunft. Wir sehen heute, dass die Einheit der Vernunft ein Gottesderivat war.

Die Philosophie hat schon gelernt, auf Vernunft zu verzichten und sich wieder als Kunst des Fragens zu verstehen. Und vielleicht wäre auch die Theologie gut beraten, wenn sie sich aufs Fragen konzentrierte. Denn mit jeder Antwort verstrickt sie sich heillos in die Unterscheidungen der Wissenschaft und verliert an Autorität – das gilt vor allem für Themen wie „Evolution" und „soziale Gerechtigkeit". Die religiöse Frage dagegen hat den guten Sinn, die Frage nach dem Sinn wach zu halten. Und da darf man sicher sein, dass die Wissenschaft nichts zu sagen hat. Sie kann ja auch die Frage „Was ist wichtig?" nicht beantworten. Die religiöse Frage dirigiert also die Aufmerksamkeit weg vom blinden Fleck des Glaubens hin zum blinden Fleck des Wissens. Und wir können dann sehen: Gott ist ein Symbol für den blinden Fleck der Wissenschaft.

Wenn man vor diesem Hintergrund den Publikumserfolg von Richard Dawkins betrachtet, der sich lustvoll als Furie der Aufklärung inszeniert, kann man nur sagen: Es ist schade, dass ein Wissenschaftler dem Gott, an den er nicht glaubt, nicht taktvoll begegnen kann. Oder gibt es doch einen *taktvollen Atheismus* in den Wissenschaften? Der Philosoph Hans Blumenberg, der diesen Begriff geprägt hat, widmete sein ganzes Werk der Anstrengung des Menschen, sich das Absolute vom Leib zu halten. Doch gerade deshalb steht Gott im Zentrum seiner Reflexionen – nicht dogmatisch, sondern metaphorisch.

Der taktvolle Atheist begreift die Theologie als eine Rhetorik, in der die Menschen nach einem möglichen Selbstverhältnis suchen. Die Ernsthaftigkeit jeder neuen Theologie kann für Hans Blumenberg deshalb nur darin liegen, dass sie *nichts preisgeben will, was sich der Mensch legitim errungen hat.* Hier sind seine Grundmotive versammelt: die Legitimität der Neuzeit und die Selbstbehauptung gegen den Absolutismus. Jede neue Theologie ringt mit Gott, so wie das Ernst Jünger am 23.12.1944 in seinem Kriegstagebuch formuliert hat: *Gott tritt den Gegenbeweis gegen uns an.*

Dahinter steht das biblische Bild von Jakobs Ringkampf mit dem Herrn, der unter Neuzeitbedingungen zu einem Ringkampf des Rationalisten mit Gott geworden ist. Dieser Rationalist möchte sich besiegen lassen, aber *nicht billig*; er muss der Versuchung widerstehen, sich einfach *fallen zu lassen* in die weit geöffneten Arme der Kirche. Die neue Theologie des sich selbst überwindenden Rationalismus soll ein Bollwerk aufrichten gegen *die große Bedrohung* einer neuen Religiosität *aus Mattigkeit*. Diese Anstrengung verdient den Respekt jedes taktvollen Atheisten, auch wenn er als moderner Wissenschaftler vielleicht den Anspruch der neuen Theologie, die Wissenschaft von der Vernunft des Glaubens zu sein, nicht akzeptieren kann.

DAS METAPHYSISCHE BEDÜRFNIS UND SEINE CHRISTLICHE BEFRIEDIGUNG

Das metaphysische Bedürfnis ist eine Reaktionsbildung auf die Sinnwidrigkeit der Welt. Jede Religion lebt ja von der Spannung zwischen „eigentlichem" Leben (Sinn) und gesellschaftlichem Leben (Funktionieren). Atheistische Aufklärung kann daran nichts Wesentliches ändern. Denn die gesellschaftliche Funktion der Religion ist völlig unabhängig davon, ob die Mehrzahl der Menschen an Gott glaubt oder nicht. Religion ist der Thesaurus, die Schatzkammer des Sinns, und aller Lebenssinn ist religiös. Das gilt für die Religion nach der Aufklärung allerdings unter veränderten Vorzeichen. Religion bietet der modernen Gesellschaft nicht mehr die Antwort auf die Frage nach dem Sinn, sondern sie wirkt nur noch als die Unterstellung, dass die Frage einen Sinn hat. Man könnte sagen: Religion hält die Wunde des Sinns offen.

Nur Religion bietet die absoluten Metaphern, die es vermögen, das Ganze zu imaginieren. Religion schließt also den Sinnhorizont; sie ist spezialisiert auf das Ganze. Und diese Leistung ist für jeden Einzelnen heute wichtiger denn je. Zwischen der komplexen Welt und der knappen Aufmerksamkeit des modernen Menschen vermittelt nämlich die Konstruktion von Sinn. Religion ist die rituelle Konstruktion von Sinn im Überraschungsfeld der Welt. Die Betonung liegt hier auf „rituell" – wir kommen noch ausführlich darauf zurück -, denn bei den Überraschungen des Lebens handelt es sich zumeist um Enttäuschungen. Sie gelassen, ja dankbar zu ertragen setzt eine Lebenshaltung voraus, die sich auf Rituale und ihre Sicherheit des Begründungsunbedürftigen stützt. Shaftesbury hat sie einmal „good humour" genannt; er schützt vor Enthusiasmus und trägt das Management von Enttäuschungen. Durch diese fundamentale Leistung schafft eine Religion Weltvertrauen.

Der rituellen Sicherung entspricht eine dogmatische, die wie eine Barriere auf dem Lebensweg des Enttäuschten errichtet wird. Gegen jede Form des Nihilismus formuliert die christliche Theologie das Tabu über die Sinnlosigkeit. Es handelt sich hier um große Rhetorik. Der Priester therapiert das Leiden an der Sinnlosigkeit, indem er die Sinnlosigkeit des Leidens weginterpretiert. Das ist der Geniestreich des Christentums, dem auch der Antichrist Nietzsche seine Bewunderung nicht versagen konnte. Das Christentum suggeriert die Göttlichkeit des Leidens – denn auch sein Gott leidet. Leiden ist dann aber kein Verzweiflungsmotiv mehr, sondern der Königsweg zum Heil.

Aus der christlichen Sorge um das Heil wurde modern die Frage nach dem Sinn. Und gerade in der Konkurrenz mit anderen Sinnformangeboten der säkularen Welt wird das asketische Ideal als spezifisch christliches Angebot auf dem Markt des Sinns konturscharf – in Nietzsches sarkastischer Formulierung: *So zu leben, daß es keinen Sinn mehr hat, zu leben, das wird jetzt zum ‚Sinn' des Lebens.* Mit dieser Denkfigur kann man auch den spezifisch modernen Sachverhalt entparadoxieren, dass immer mehr Menschen den Sinn ihres Lebens in der Propaganda des Sinnverlusts suchen. Gerade die Melancholiker und professionell Verzweifelten zeigen ja, dass Sinnlosigkeit eine sehr stabile Sinnform sein kann. Sie ordnen ihr Leben um die Katastrophe als Negativfigur des Sinns.

Der asketischste aller Philosophen, Ludwig Wittgenstein, hat die Frage nach dem Sinn des Lebens am eindringlichsten gestellt. In einer Tagebuchaufzeichnung vom 11.6.1916 heißt es: *Den Sinn des Lebens, d.i. den Sinn der Welt, können wir Gott nennen. Und das Gleichnis von Gott als einem Vater daran knüpfen. Das Gebet ist der Gedanke an den Sinn des Lebens.* Weiter heißt es dann in einer Tagebuchaufzeichnung vom 8.7.1916: *An einen Gott glauben heißt, die Frage nach dem Sinn des Lebens verstehen.* Das, was der Fall ist, ist eben noch nicht alles. Doch dass das Leben über die Tatsächlichkeit der Welt hinaus einen Sinn hat, sieht nur der, der an Gott glaubt.

Die Wissenschaft hat es mit dem Wie der Welt, mit den Tatsachen, mit dem, was der Fall ist, zu tun. Sie hat nichts mit dem zu tun, was die Offenbarung zeigt. In der Welt gibt es keinen Wert, keinen Sinn und keinen Gott – alles ist wie es ist. Doch alles wendet sich, wenn man nicht nach dem Wie sondern nach dem Dass der Welt fragt. Darüber weiß die Wissenschaft nichts zu sagen. Die Frage nach dem Sinn des Lebens berührt sich also an keiner Stelle mit den wissenschaftlichen Fragen. So lautet das Fazit des Tractatus logico-philosophicus: *Der Sinn der Welt muß außerhalb ihrer liegen.*

So wird also nach einem Sinn des Daseins jenseits seiner selbst, oder doch zumindest jenseits seiner Welt gefragt. Dass diese Frage auftaucht, setzt trivialerweise voraus, dass man von körperlicher Arbeit und Naturzwängen befreit ist. Nicht zufällig stammen die gerade zitierten Sätze von einem Philosophen. Wer dagegen im Handgemenge mit der Welt liegt, will nicht erlöst werden – er hat zu tun. Max Weber hat sehr schön gezeigt, wie die wissenschaftliche Entzauberung der Welt zum bedeutungslosen Sein die Intellektuellen zur *Konzeption der 'Welt' als eines 'Sinn'-Problems* provoziert hat. So, nämlich in der Zurückweisung der Zumutung einer sinnwidrigen Welt, entsteht Metaphysik. Doch in jedem Menschen steckt offenbar ein Metaphysiker. Das Streben nach Sinn gehört konstitutiv zum Menschsein dazu. Das können Psychologen heute mit den „noncontingent reward experiments" sehr schön zeigen: Wer erst einmal Sinn in eine Unordnung hineinkonstruiert hat, ist kaum mehr bereit, seine Konstruktion aufzugeben.

Die raffinierteste Theorievariante zum Problem des metaphysischen Bedürfnisses hat Ernst Jantsch in seinen Spekulationen über die Selbstorganisation des Universums entwickelt, und zwar ausgehend von der spektakulären These: *Gott [...] ist die Evolution.* Früher hätte man so etwas wohl Säkularisierung genannt, also die weltliche Umbesetzung der letzten, absoluten Instanz, des God-Terms. Es geht nicht ohne Metaphysik – das wusste man spätestens seit Kant. Metaphysik ist eben das, was der Wissenssoziologe Karl Mannheim die Sinnergänzung des Partikularen genannt hat. Doch die Denkfigur von Jantsch ist anspruchsvoller, raffinierter: Die Evolution ist der Sinn, nach dem zu fragen die Evolution der Kultur vorantreibt. *Das Bedürfnis nach Sinn erweist sich als mächtiger autokatalytischer Faktor in der Evolution des menschlichen Bewußtseins.* Indem wir nach dem Sinn suchen, reizen wir unser Bewusstsein, sich weiterzuentwickeln.

Die Entzauberung der Welt zum Inbegriff von sinnfremden Tatsachen lässt sich nicht widerrufen; das haben Max Weber und Ludwig Wittgenstein deutlich gesehen. Je wissenschaftlicher und technischer unsere Welt wird, desto unmöglicher ist es, sie als „sinnvoll" zu erfahren. Das war natürlich schon das zentrale Motiv der Romantik. So heißt es bei Novalis: *Der Sinn der Welt ist verloren gegangen. Wir sind beim Buchstaben stehn geblieben. Wir haben das Erscheinende über der Erscheinung verloren. Formularwesen.* Das ist durchaus wörtlich zu nehmen. Denn die mathematische Formalisierung produziert Signifikanz – im Gegensatz zum Sinn. Insofern könnte man sagen, dass die Formel der Mathematik im größtmöglichen Gegensatz zum Sinn der Religion steht. Nichts ist der sinnhaften Erlebnisverarbeitung des Romantikers fremder als die maschinelle Datenverarbeitung des Mathematikers.

Zahlen und Figuren sind in der modernen Welt die Chiffren aller Kreaturen. Die Technik und die sozialen Systeme sind an diese Umwelt angepasst, sonst würden sie nicht funktionieren. Der Mensch aber nicht. Deshalb haben der Zeichensinn und der Funktionssinn nichts mit dem Sinn des Lebens zu tun. Wir müssen also einen formalen Sinn, der einen Horizont oder ein Verweisungsgefüge meint, von einem substantiellen Sinn unterscheiden, der eine befriedigende Orientierung bietet. Wer aber Sinn nicht als Form sondern als Gehalt begreift, ist religiös. Sobald man nämlich einen emphatischen Begriff des Sinns vom bloßen Funktionieren eines Betriebs absetzt, bekommt er einen Transzendenz-Index.

Das widerspricht natürlich dem Geist der Moderne, und deshalb gibt es von Heidegger bis Luhmann stets die Auskunft, Sinn sei eine Verweisungsstruktur, ein unnegierbarer Begriff. Doch das kann den nicht befriedigen, der nach dem Sinn des Lebens fragt. Diese Frage wird deshalb schon von Freud als krank abgefertigt; der so Fragende habe sich, wie Arnold Gehlen formuliert, verlaufen. Und auch Wittgenstein hat ja derartige Fragen als Krankheiten behandeln. So scheint es unter Wissenschaftlern nur noch Spott über den *Sinnlosigkeitsbeseitigungsanspruch* des Geistes zu geben.

Dass Sinn ein unnegierbarer Begriff ist, zeigt sich aber eben gerade in der Frage nach dem Lebenssinn. Auch wenn die moderne Wissenschaft diese Frage pathologisiert oder verspottet, muss sie doch beobachten, dass sie den Menschen wichtiger ist als alle wissenschaftlichen Fragen. Die wichtigsten Fragen kann man wissenschaftlich für sinnlos halten, aber nicht lebenspraktisch. Es gibt also große, unbeantwortbare, nicht eliminierbare Fragen, die zwar wissenschaftlich sinnlos, aber praktisch unaufschiebbar sind. Der Essayist Hans Magnus Enzensberger hat sie spöttisch die *zu großen Fragen* genannt. Das Dogma beantwortet sie, die Wissenschaft wehr sie ab.

Schärfer formuliert: Wissenschaft ist die organisierte Abwehr der Frage nach dem Sinn des Lebens. An Stelle einer Antwort analysiert sie die Frage und bietet für die dogmatische Antwort des Glaubens funktionale Äquivalente. Doch Lebenssinn ist ein Singularetantum. Und so sorgt gerade die Fülle der Optionen für die Erfahrung des Mangels. Weil sich niemand ausreden lässt, dass es sich um die wichtigste aller Fragen handelt, ist das materialistische Projekt der Abschaffung der Religion gescheitert. Die bunte Fülle des Diesseitigen, das die wissenschaftlich-technische Welt vor den Menschen ausbreitet, bewirkt vielmehr einen Überdruss an konfektionierten Sinnformangeboten. Hans Blumenberg resümiert: *Es gibt keine Erfahrungen, die den Sinn des Lebens widerlegen können. Gegen den Sinn gibt es nur den Verdacht. Er kommt aus der Übersättigung mit Angeboten von Sinn. Denn von diesem kann es schlechthin den Plural nicht geben; ihn könnte nur gebrauchen, wer von Sinnen wäre.*

Menschen sind Wesen, die Bedeutsamkeit produzieren; die Amerikaner nennen das heute „sensemaking". Und das meinte schon Sokrates, als er davon sprach, es läge von Natur aus etwas Philosophisches in der Seele des Mannes. Daraus ergibt sich dann schlüssig die Aufgabenstellung für jede professionelle Philosophie, nämlich die *Metaphysik als Naturanlage* durch den Aufklärungsprozess einer Kritik der Vernunft in *Metaphysik als Wissenschaft* zu verwandeln. Diese berühmte Programmformel Kants bleibt auch noch für Martin Heidegger verbindlich: *Die Metaphysik ist das Grundgeschehen im Dasein.*

Wer sich aber nicht mit den Setzungen einer philosophischen Anthropologie der Philosophie begnügen möchte, wird die Soziologie befragen, wie jene großen Ideen entstehen, die den Rahmen menschlicher Handlungsinteressen vorgeben. In der Einleitung zu seinem Aufsatz über die Wirtschaftsethik der Weltreligionen hat Max Weber die Entstehung des *metaphysischen Bedürfnisses* als intellektuelle Reaktionsbildung auf die Erfahrung einer sinnlosen Welt beschrieben. Als sinnlos wird die Welt erfahren, wenn objektive Ungewissheit auf Dauer gestellt ist und Wissenschaft nur noch Relativismen und Pluralismen anzubieten hat.

Metaphysisch ist das Bedürfnis nach der einen Wahrheit. Man kann nämlich kein Relativist sein. Genauer gesagt: Man kann als Intellektueller zwar einer relativistischen Erkenntnistheorie anhängen, aber man kann nicht relativistisch leben. So wächst auch heute wieder das Bedürfnis nach einer transzendenten Verankerung des Lebens. Um es paradox und mit dem Psychoanalytiker Jacques Lacan zu formulieren: Wir glauben an Gott auch ohne an ihn zu glauben, weil wir ihn als *höchsten Zeugen* für die *Artikulation der Wahrheit* brauchen. Du bist der Herr, mein Gott – das ist die fromme Anrufungsformel für die Anerkennung des absoluten Anderen als Bedingung des Zugangs zur Wahrheit.

Gerade die scheinbar so konturlose, ästhetizistisch klingende romantische Definition der Religion als Geschmack für das Unendliche macht deutlich, dass man das metaphysische Bedürfnis nicht auf Ethik reduzieren kann. Es geht nicht einfach, wie etwa in Sonntagsreden, um die Frage nach den Werten, an denen man sich orientieren könnte und die eine Gesellschaft zusammenhalten sollen, sondern es geht um die Sehnsucht nach Wert – als Wert. Während die Ethik im

Blick auf die anderen danach fragt, was das richtige Verhalten ist, geht es der Religion darum, was wirklich wichtig ist. Keine Logik und keine Information kann einem ja bei der Frage weiterhelfen, worum man sich kümmern soll, was unsere Mühe und Aufmerksamkeit verdient, wo es ernst wird mit dem Leben. In dieser alles entscheidenden Frage nach der Lebensführung bietet die Religion geheiligte Selektionskriterien.

Nun liegt es in der Natur der idealistischen Philosophie, das metaphysische Bedürfnis sowohl erklären als auch befriedigen zu wollen. Sie kann das, wie unüberbietbar bei Hegel, durch Überbietung versuchen, indem sie die christliche Religion als die Wahrheit anerkennt, die noch nicht ihre wahre Form gefunden habe. Oder sie kann selbst, wie bei Kant, *das Wissen aufheben, um zum Glauben Platz zu bekommen.* Alle Idealisten akzeptieren den Glauben als eine spirituelle Haltung des Willkommens gegenüber der Wahrheit; doch den Zugang zur Wahrheit und damit die Befriedigung des metaphysischen Bedürfnisses behalten sie der Philosophie vor.

Den Bankrott dieses Anspruchs haben dann die großen Denker des 19.Jahrhunderts notiert, allen voran Kierkegaard. Aber eben auch die Einsichten von Marx, Nietzsche und Freud signalisieren diesen Bankrott der Philosophie, den der Religionsphilosoph Jacob Taubes auf die lakonische Formel gebracht hat: *Der Geist blamiert sich.* Und zwar blamiert sich der Geist der Philosophie nicht nur vor dem Forum der Entzauberungsunternehmen von Ökonomie, Soziologie und Psychologie, sondern gerade auch vor dem Geist des Christentums. Seither sind die guten Philosophen Abbruchsunternehmer, niemand konsequenter als Ludwig Wittgenstein, der resümierte: *Wenn das Christentum die Wahrheit ist, dann ist alle Philosophie darüber falsch.*

Doch was folgt daraus für den christlichen Umgang mit der christlichen Wahrheit? Wir haben schon gesehen, dass der Teufel Theologe ist. Und wenn die Theologen sich dazu verführen lassen, Gott wissenschaftlich zu betrachten, sind sie des Teufels. Denn wenn man Gott wissenschaftlich beobachten könnte, dann wäre jeder Gottesdienst Götzendienst. Wenn die Wunder, die Jesus tat, experimentell verifiziert werden könnten, wäre bewiesen, dass es keine Wunder gibt. Der gewusste Gott ist ein Götze, und das Wissen von der christlichen Wahrheit ist Unwahrheit. Die Offenheit zur Transzendenz setzt gerade voraus, dass man Gott nicht weiß.

Den Gott des Christentums kann man also nicht beobachten, sondern nur lieben. Zu jeder Beobachtung gehört nämlich Distanz, während die religiöse Erfahrung der Gottesnähe gerade dadurch gekennzeichnet ist, dass sie den Gläubigen verwandelt. Gott erfahren ist etwas anderes als Gott beobachten – hier behält der Geisteszwerg Jacobi gegen den Geistesriesen Hegel recht. Wissenschaftliche Beobachtung und religiöse Erfahrung sind inkommensurabel.

Wissenschaft ist das Gegenteil von Gottesdienst. Während die Wissenschaft Probleme löst, ist der christliche Glaube von einem unlösbaren Problem besessen. Die Lösung des Problems liegt für den Gläubigen im Verzicht auf die Lösung des Problems – dafür steht die Gestalt Hiobs. Diese Paradoxie hat der Chemiker und Philosoph Michael Polanyi auf die großartige Formel gebracht, das Christentum befriedige die Sehnsucht nach geistiger Unzufriedenheit mit dieser Welt, indem es dem Menschen den Trost eines gekreuzigten Gottes anbiete.

Gott kann man also nicht beobachten oder beweisen, sondern nur lieben und gehorchen. Und Gottesdienst heißt eben auch, dass man Gott nur erfahren kann, indem man ihm dient. Michael Polanyi hat den christlichen Glauben deshalb als leidenschaftlichen heuristischen Impuls definiert, der durch Zweifel, Sünde und Angst hindurchsteuert, ohne jemals zu einem spirituellen Ziel zu gelangen. Dieser Glaube übergreift den Zweifel an sich selbst. Deshalb konnten nur Irreligiöse über die Tagebücher der Mutter Teresa erstaunt sein.

Die Gläubigen wissen typisch gar nicht, dass das Thema der Religion das aktuellste ist: Komplexität. Und zwar in personalisierter Form: als Angst und Unsicherheit. Religiöse Kommunikation versprich, dass man mit dem Unverständlichen umgehen kann – als ob man die unübersichtliche Welt von außen betrachten könnte. Mit Theorie hat das nichts zu tun. Zum Glauben kommt man nicht durch einen Gottesbeweis, sondern nur durch eine Gotteserziehung. Deshalb heißt es bei Wittgenstein: *Wenn Du also im Religiösen bleiben willst, musst Du kämpfen.* Der Glaube ist eine Leidenschaft; Weisheit dagegen ist kalt und leidenschaftslos. Ich begreife nicht das Christentum, sondern der Glaube ergreift mich. Glauben heißt das Leben ändern.

Ein dauerhafter Seelenzustand ist charakteristisch für den frommen Menschen. An ihm wird deutlich, dass der Glaube zugleich Weltentwurf und Handlungsanweisung ist. Die unbefragbare und begründungsunbedürftige Lebenssicherheit, die das fromme Leben auszeichnet, hat Ludwig Wittgenstein auf wunderbar prägnante Formeln gebracht. *Gäbe es ein Verbum mit der Bedeutung ‚fälschlich glauben', so hätte das keine sinnvolle erste Person im Indikativ des Präsens.* Glauben ist die Entscheidung, die objektive Ungewissheit in subjektive Gewissheit verwandelt. Er ist *das leidenschaftliche Sich-entscheiden für ein Bezugssystem*. Der Glaube bringt also das *Gefühl der Zuversicht* ins Denken.

Die vier möglichen Stellungen zum Bezugssystem des Glaubens haben wir als positiv religiös, antireligiös, irreligiös und religiös unmusikalisch bezeichnet. Der positiv Religiöse bringt das Opfer des Intellekts. Dass man relativistisch reflektieren, aber nicht relativistisch leben kann, heißt für den gläubigen Menschen, dass er im Blick auf seinen Glauben kein Kontingenzbewusstsein entwickeln kann. Ein Atheist kann einem Frommen keine „zwingenden Gründe" nennen. Denn um die Gründe als zwingend zu erfahren, dürfte er kein Frommer mehr sein.

Die positiv Religiösen können ihren Glauben nicht nur orthodox sondern auch eklektisch leben. So ist es für den Romantiker typisch, dass er *glaubt, glauben zu können*. In der Romantik wird die Religion selbstbezüglich. Man glaubt zu glauben und man glaubt an den Glauben – *schwebend zwischen dem Wunsche und dem Unvermögen zu glauben,* wie Jean Paul sagt. So kann man seit der Romantik wissen, dass man glauben wollen kann. Dazu genügt das Gefühl der Religiosität, oder im trivialsten Fall die Religiosität des Gefühls: Ich glaube nicht an Gespenster, aber ich habe Angst vor Gespenstern. Ich glaube nicht an Glücksbringer, aber ich hänge trotzdem ein Hufeisen auf.

Auch auf der Seite der Ungläubigen gibt es zwei Varianten, die kritische und die ignorante. Blanke Irreligiosität ist ein Abwehrmechanismus. Man meidet die Stelle, wo sich eine Frage stellt, auf die es keine Antwort gibt. Es gibt Leute, die nur mit den Schultern zucken, wenn man „von Gott" spricht. Sie können noch nicht einmal wissen, dass sie Ungläubige sind. Aber die Geschichte des Atheismus mahnt auch die Gebildeten unter den Ungläubigen zur Vorsicht. Kann man Religion erklären, ohne dass die Erklärung selbst religiös wird? Vor allem die Gottesleugner verfangen sich ja in der Paradoxie, die Religion gerade durch ihre Negation zu bestätigen.

Das haben die dialektisch versierten Theologen natürlich bemerkt und die Gottesleugner zum höheren Ruhm Gottes rezipiert. Das geniale Verfahren Karl Barths bestand darin den christlichen Glauben streng von Religion zu unterscheiden, um ihn so für die moderne Religionskritik zu öffnen. Seither ist Atheismus Wasser auf die Mühlen des Christentums. Die Sonderstellung des Christentums unter den Religionen kann man also bis zur Antithese Christentum vs. Religion steigern. Der Katholik Carl Schmitt macht das an der historischen Einmaligkeit des Heilsgeschehens fest. Der Protestant Karl Barth sieht im Glauben das Diskrimen, das alle anderen Religionen zum Aberglauben depotenziert – zugespitzt in der polemischen Rede von der *Religion als Götzendienst.*

Anspruch der Religion ist es immer, einen Sinn sichtbar zu machen. Die spezifisch christliche Verschärfung muss nun darin liegen, dass dieser Sinn eigentlich ein anderer ist, dass er nicht in die Gesellschaft passt. Und die christliche Dogmatik hat ganz entsprechend auch einen eigenen Gesellschaftsbegriff, der gegen die reale Gesellschaft gerichtet ist: das Reich Gottes. Das Reich Gottes liegt, erstens, in Jesus Christus als Person; das hat der Kirchenvater Origines mit dem Begriff „autobasileia" gemeint. Das Reich Gottes liegt, zweitens, in der katholischen Kirche. Und es liegt schließlich für die Protestanten in der Innerlichkeit. In jedem Falle aber lautet das letzte Wort des Glaubens Andersheit: anders als das, was ist. Der christliche Glaube ist die Gewissheit, dass das, was ist, nicht alles ist, auch wenn es sich nicht ändern lässt.

Der absolute Vater

Nur scheinbar paradox geht die Weltablehnung der Welt voraus. Es ist ja die Naherwartung des Gottesreichs, die die Urchristen zur Weltablehnung führte – und diese zur Unterscheidung weltlich / unweltlich. Daraus entstand dann erst „Welt". Diese Dialektik ist für das Christentum konstitutiv. Geistlich heißt nicht weltlich. Und weltlich heißt: nicht „nicht von dieser Welt". Wir haben es hier mit einer Abweichungsverstärkung, einem positiven Feedback der religiösen Erfahrung zu tun. Die Verweltlichung der Welt vergeistigt den Geist.

Nun ist die Naherwartung bekanntlich enttäuscht worden, und die Christen mussten Theologen werden, d.h. die Naherwartung durch Transzendenz ersetzen. Es war also die Erfahrung der Parusieverzögerung, die zur Unterscheidung von Immanenz und Transzendenz gezwungen hat. Indem das Reich Gottes auf sich warten lässt, entsteht die Welt.

Dem unbefangenen Beobachter von außen drängt sich hier rasch der Eindruck auf, die siegreiche Kirche habe gar kein Interesse mehr am Ende der Welt. Man betet, wie Tertullian sagt, „pro mora finis", und durch den Aufschub des Endes erwächst die Frist als geschichtliche Form des christlichen Lebens. Wie die Transzendenz entsteht auch die Frist aus der Inkongruenz von Leben und Sinn. Das verschafft aber der religiösen Sinngebung ganz neue Freiheitsgrade. Mit der Unterscheidung von Immanenz und Transzendenz kann die Religion nun nämlich jeder Erfahrung einen positiven Sinn verleihen. Sie ist also nicht mehr durch die Bereichsdifferenz sakral / profan gebunden.

Der für die Neuzeit maßgebliche Prozess der Säkularisierung bleibt für den christlichen Glauben so lange unproblematisch, so lange er durch die Grenze zwischen Immanenz und Transzendenz begrenzt wird. Doch könnte man die Grenze zwischen Immanenz und Transzendenz nicht selbst säkularisieren? Genau das hat der große Apologet des sich selbst behauptenden neuzeitlichen Menschen, Hans Blumenberg, mit einer raffinierten Engführung der Unterscheidung versucht. Ist der Glückszustand aus eigener Kraft erreicht oder aus Gnade – also *leistungstranszendent oder leistungsimmanent?* Lieber stürzt sich der Held der Neuzeit auf der Suche nach dem Glück in das unglücklichste Bewusstsein, nämlich das ohne Jenseits, als sich irgendetwas nicht selbst zu verdanken.

Für den Gläubigen dagegen markiert die heilige Schrift die Grenze zwischen Immanenz und Transzendenz. Schriftreligionen – besonders deutlich natürlich der Protestantismus – signalisieren allein schon durch ihr Medium, dass sich das Übersinnliche aus der Welt zurückgezogen hat und zum Jenseits geworden ist. Im Mittelalter war die Transzendenz noch wahrnehmbar – so wie in der Antike die Götter wirklich waren. Doch in der Neuzeit bleibt der Gläubige auf den Kanon heiliger Texte verwiesen. Die heilige Schrift stellt den Exodus des Heiligen aus der Welt dar.

Die Theologen haben die Gotteskommunikation auf die Texte der Offenbarung reduziert. Man kann sie nicht fragen, was Gott von der modernen Welt hält. Es gibt nur Texte, die man interpretieren kann, und Gott ist der universelle Autor. Es kann deshalb nicht überraschen, dass die großen theologischen Themen schon lange nicht mehr nur in der Theologie angeschlagen werden, sondern z.B. in den Literaturwissenschaften. So spricht einiges für die Auflösung der Theologie in Literaturwissenschaft und Soziologie, denn es gibt keine Stelle für Theologie im Wissenschaftssystem.

Um Gott genau kennen zu lernen, empfiehlt es sich natürlich, seine Biographie zu studieren. Und schon auf den ersten Seiten der Bibel wird klar: Gott schafft die Welt der Unterscheidungen, ohne selbst unterscheidbar zu sein. Und er kann erkennen, ohne unterscheiden zu müssen. Gott unterscheidet nicht zwischen Gott und Welt. Deshalb kann man Gott lieben, aber nicht beobachten. (Das ruft bekanntlich den Teufel auf den Plan!). Thema der Religion ist also der Ungrund aller Unterscheidungen. Da Menschen aber unterscheiden müssen, kann man das Göttliche nur paradox kommunizieren. Hier setzt dann die Begriffsakrobatik der Dogmatik an.

Auf der Abstraktionsebene der Theologie ist die Kommunikation über Gott an die Stelle der Erfahrung des Heiligen getreten. Die Theologie muss behaupten, dass Gott kommuniziert, nämlich durch die Offenbarung, und dass man mit Gott kommunizieren kann, nämlich im Gebet. So könnte man Beten als eine Rhetorik begreifen, die versucht, Gott und sich selbst zum Glauben zu überreden. Offenbaren und Glauben sind Sprechakte, die allererst erzeugen, was sie unterstellen. Man entgeht dieser Paradoxie theologisch, indem man, statt mit Gott, über den Gottesbegriff spricht, oder religionssoziologisch, indem man diesen Gottesbegriff als Selbstbezug der Gesellschaft analysiert.

Im Begriff Gott bezieht sich die Gesellschaft auf sich selbst – aber ohne es zu wissen, nämlich als Transzendenz. So entsteht die Illusion, es könnte eine richtige Beschreibung der Gesellschaft von außen geben. Je moderner, d.h. differenzierter, arbeitsteiliger und damit unübersichtlicher die Gesellschaft wird, desto größer wird auch diese Sehnsucht nach Einheit und Ganzheit. Gott ist die traditionelle Formel für die Einheit der Welt. Das weckt die Neugier: Wie kann ich die Einheit beobachten, in der ich mich selbst befinde?

Man kann es sich leicht machen mit Mystik und Esoterik, also mit der Beschwörung des Ganzen. Mystisch ist die Ganzheitserfahrung der Welt, die suggeriert, man könne das Unterscheiden vermeiden, das die Welt verletzt. Indem sie die Beobachtung durch „Schau" ersetzt, betäubt die Mystik den Schmerz, den der Schnitt zwischen Gott und Mensch bereitet. So scheint an der offenbarten Wahrheit das Dass wichtiger als das Was. Dann handelt es sich aber auch nicht um eine Mitteilung, sondern tatsächlich um Rudolf Bultmanns wortlosen Schrei. Und dem entspricht ein Reden über das, worüber man nicht reden kann. Mystik ist Mitteilung ohne Information, jene Ganzheitskommunikation, als deren Thema Therese von Avila das unaussprechliche Herz aller Wirklichkeit bezeichnete.

Man kann es sich aber auch schwer machen, nämlich mit einer Kritik des Ganzen, wie früher in der Gnosis, später dann in der negativen Dialektik einer Kritischen Theorie, oder heute im Ressentiment der Globalisierungsgegner. Theodor W. Adorno, der größte Esoteriker des modernen Negativismus, hat dafür die unüberbietbare Formel gefunden: *Das Ganze ist das Unwahre*. Radikale Gesellschaftskritik als Inkognito der Theologie – das ist mittlerweile ein vertrautes Theoriedesign.

Für den gläubigen Christen genügt es dagegen, in Gott die Transzendenz als Person zu erfahren. Und das hat einen faszinierenden dialektischen Umkehreffekt. Denn seither setzt Persönlichkeit einen Bezug auf Transzendenz voraus. Wie sehr sich unsere Idee der Persönlichkeit einer Lebensführung verdankt, die aus der jüdisch-christlichen Tradition herauswächst, hat Max Weber im Vergleich mit dem konfuzianischen Gentleman deutlich gemacht. Man kann die Lebensführung so rationalisieren, dass der Mensch in optimaler Weise seiner Umwelt angepasst ist. Er hat dann zwar Haltung, aber kein *Eigengewicht* gegenüber der Welt. Persönlichkeit dagegen setzt Transzendenz voraus; ein *Hinausgreifen über die Welt*.

Wie dieses Hinausgreifen dem Menschen das Gewicht einer Persönlichkeit verleihen kann, wird klar, wenn man sich vergegenwärtigt, dass jede Vorstellung von Transzendenz eine Zäsur zwischen Alltäglichkeit und Außeralltäglichkeit darstellt. Dann kann man das Charisma von der Tradition unterscheiden – und ins Recht setzen. Und dann macht es Sinn, den Sinn des Seins jenseits der Lebenswelt zu suchen. Mit einem Wort: Transzendenzmotive üben die Unterscheidung von Normalität und Ausnahmezustand ein.

Kafka hat vorgeführt, wie solche Einübung ins Christentum typisch scheitert, nämlich an der absoluten Transzendenz, die der gottlosen Leere exakt entspricht. Die Kafkasche Urszene ist bekannt: die hoffnungslose Selbstbehauptung gegen den absoluten, d.h. unerreichbaren und unentrinnbaren Vater – *die letzte Instanz, fast ohne Grund*. Hans Blumenberg hat diese Urszene des modernen Menschen genial interpretiert. Die *Sorge der Selbstbehauptung* steht gegen die Sorge des Hausvaters, dessen Liebe als Gewalt erscheint. Für Blumenberg ist der Gott Kafkas aber nicht die Projektion des übermächtigen Vaters, sondern umgekehrt besetzt die Figur des *absoluten Vaters* die *Leere des Absoluten*.

Die Urszene Kafkas ist die eines absoluten Transzendenzbewusstseins, das sich nicht mehr mit religiösem Material füllen lässt; *die Leere dieser gottlosen Religiosität* muss anders besetzt werden. Entscheidend ist hier, dass Blumenberg Kafkas Gefühl des Unterworfenseins unters Absolute nicht aus *menschlichen Wirklichkeiten* ableitet. Und hier zeigt sich die Kafkasche Dichtung der Freudschen Psychoanalyse überlegen. Die schlechthinige Abhängigkeit ist nämlich keine Projektion. Der absolute Vater ist nur der *Platzhalter der Transzendenz*. So sind alle Kafkaschen Texte Briefe an den Vater, denn nur über ihn kann er sich in ein Verhältnis zur Transzendenz und damit zu sich selbst setzen.

Was bedeutet „Vater"? Das ist die Frage von Christentum und Psychoanalyse. Keine politische Korrektheit vergleichender Kulturwissenschaften wird darüber hinwegtäuschen können, dass nur die jüdisch-christliche Tradition den Sinn des Vaters erschließt. Der wahre, symbolische, absolute Vater des Anfangs ist der getötete Vater; der Mord hat ihn verewigt. Und dieser symbolische Vater ist mächtiger als es der reale je war. Das ist die Geschichte, die Freud erzählt. Sie chiffriert zugleich auch die Geburt der Psychoanalyse aus dem sozialen Zerfall der Vaterimago.

Der getötete und dadurch verewigte Vater; der symbolische Vater, der mächtiger ist als es je ein realer sein könnte; der Name des Vaters;

die Dimension der absoluten Andersheit – das ist der Gott des Monotheismus. Die Psychoanalyse lokalisiert ihn im Unbewussten. Und während der Jude Freud hier noch mit hohem Bewusstsein den Mythos der alten Griechen bemüht, heißt es bei dem Katholiken Jacques Lacan: *Wenn der Vater irgendwo seine Synthese, seinen vollen Sinn finden muß, so gelingt dies nur in einer Tradition, die sich die religiöse Tradition nennt.* Der symbolische Vater ist die historische Wahrheit der Auferstehung Christi.

Vor diesem Hintergrund gewinnt das „tremendum", das Furchterregende des Heiligen, einen völlig neuen Sinn. Die monotheistische Gottesfurcht ist nämlich das Gegenteil der heidnischen Furcht vor den Göttern. Der Gott ist nicht nur ein Gott. Und das wendet den Schrecken in Zuversicht. Die unzähligen Befürchtungen werden durch eine einzige Furcht ersetzt – und dadurch in Mut verwandelt. So kann die Gottesfurcht zur Grundlage der Gottesliebe werden. Wer in der Furcht Gottes lebt, muss nichts mehr fürchten. Das ist, um Hans Blumenbergs Begriffe noch einmal zu zitieren, der leistungstranszendente Glückszustand. Doch wie sieht dann der leistungsimmanente Weg aus?

Um sich selbst zu behaupten, muss der Mensch einen Umweg über die Instanzen des Absoluten nehmen, sei es die Abschirmung gegen die Schrecken des Realen, sei es die Arbeit am Mythos, sei es das Hinausgreifen in die absolute Transzendenz. Das passt zum Grundbefund der modernen Anthropologie, dass der Mensch sich selbst äußerlich bleibt. Und so sieht dann Blumenbergs anthropologische Annäherung an die Religion aus: Es gibt keine Natur des Menschen, kein unmittelbares Verhältnis zu sich selbst, sondern nur Metaphern für die „menschliche Natur". Und die radikalste dieser Metaphern, mit deren Hilfe der Mensch sich selbst versteht, liegt in seinem Selbstvergleich mit dem transzendenten Gott. Der Gott des Monotheismus war zunächst das beängstigende Absolute, das sich der Mensch endgültig vom Leib halten wollte und also ins Jenseits versetzte; doch *indem er den Gott als das Ganz-Andere von sich absolut hinwegzudenken versuchte, begann er unaufhaltsam den schwierigsten rhetorischen Akt, nämlich den, sich mit diesem Gott zu vergleichen.*

Der Mensch hält sich Gott vom Leib, um sich mit ihm zu vergleichen; die Transzendenzmotive sollen also dem menschlichen Selbstverhältnis dienstbar gemacht werden. Das bedeutet aber, dass gerade die *Distanz zu Gott* ihn als Instanz fixiert. Wer versucht, Gott zu leugnen, macht die Erfahrung, dass er ihm wie ein Affe im Genick sitzt, den er nicht abschütteln kann. Gottfried Benn hat das so formuliert: *niemand ist ohne Gott, das ist menschenunmöglich, nur Narren halten sich für autochthon und selbstbestimmend.*

Doch die Namen wechseln. Jede Epoche hat ihren Gottes-Term: Gnädiger Gott – gerechte Gesellschaft – heile Natur – wahres Selbst. Gott ist tot, und wir haben ihn getötet. Aber nur, um vor neuen Götzen in die Knie zu gehen: vor dem Staat oder dem Ich, vor der Natur oder dem Sozialen. Und der lange Schatten des toten Gottes reicht vom Christentum über den Marxismus bis zum Gutmenschentum unserer Tage. Wenn man den Schleier dieser vielen Gottes-Terme lüftet, erweist sich die Geschichte des Menschen als Eskalation der Gottesidee. Nachdem das antike Schicksal in die Kontingenz der Existenz einerseits und die Omnipotenz Gottes andererseits zerfallen war, schrieb sich der Prozess der Selbstermächtigung des Menschen in das religiöse Register als Entwicklung vom allmächtigen zum ohnmächtigen Gott ein. Die eingängigsten Reklameformeln fanden sich dann erst im 19. und 20. Jahrhundert: Gott ist tot (Nietzsche); das Seyn entzieht sich (M. Heidegger); der ohnmächtige Gott (D. Sölle).

Die grandiose Dialektik dieser Entwicklung besteht nun darin, dass gerade die Ohnmacht Gottes und die Zweifel an seiner Existenz die Liebe zu ihm ermöglichen. Indem Gott dem Menschen die Freiheit gab, hat er seine Macht begrenzt. Aber begrenzte Macht ist mächtiger als unbegrenzte Macht. Gott fehlt etwas, und dieses Fehlen lässt uns an seiner Existenz zweifeln. Dass nun aber dieser Zweifel nicht zur Verzweiflung sondern zur Gottesliebe führt, hat kein Theologe je so plausibel machen können, wie der Psychoanalytiker Jacques Lacan: *Es gibt keinen anderen Grund, Gott zu lieben, wenn nicht den, dass er vielleicht nicht existiert.* Wenn nämlich die Ohnmacht der Allmacht erfahren wird, überträgt man die Allmachtinstanz nach „jenseits". Und im Jenseits zeigt sich jener Mangel als die Möglichkeit der Nichtexistenz.

Typisch modern fragt man nicht mehr nach Gott, sondern nach der Religion. Oder schärfer formuliert: Die Frage nach Gott ist modern die Frage nach seiner Todesursache. So hat sich für die meisten der erinnerte Gott an die Stelle des erwarteten Gottes geschoben. Der Gläubige dagegen erspart sich diese Frage, indem er Gott benutzt, um eine Frage zu stellen. Auch für ihn gilt das Wort Ludwig Wittgensteins: *Wie Du das Wort ‚Gott' verwendest, zeigt nicht, wen Du meinst – sondern, was Du meinst.* Und so lange man Gott benutzen kann, um eine Frage zu stellen, ist es fast gleichgültig, ob er existiert.

Wenn man keinen Gott mehr hat, hat man Religion. Wir können hier sehr klar das Bedürfnis nach einem Gott unterscheiden von dem spezifisch modernen Bedürfnis, an einen Gott zu glauben. Wenn heute also jemand fragt „Glaubst Du an Gott?", dann antwortet man wohl am besten mit der Gegenfrage: Kannst Du noch begreifen, was es bedeutet, einen Gott zu haben? Man kann nicht sagen, wer Gott ist; man kann ihm nur dienen. Und deshalb sagt Nicolás Gómez Dávila zurecht: *Gott ist das Ärgernis des modernen Menschen.* Das lässt sich aber auch positiv formulieren, nämlich so: Gott ist das größte Abenteuer, auf das sich der moderne Mensch einlassen kann.

Die wundeste Stelle der Kultur

Eine der berühmtesten Figuren aus Nietzsches Drama des abendländischen Nihilismus ist der tolle Mensch. Was er uns klar machen will, ist, dass das Wort „Gott ist tot" etwas ganz anderes meint als „nicht an Gott glauben". Nur wenige haben das verstanden, aber immerhin die wichtigsten der Nietzscheaner: Max Weber und Sigmund Freud. Nietzsche, Weber und Freud verkünden eine Botschaft, die niemand hören will. Diese These klingt zunächst unverständlich, wenn man etwa an den weltweiten Publikumserfolg Nietzsches, die beherrschende Stellung Webers in der Soziologie, v.a. in der amerikanischen, und an die Allgegenwart psychoanalytischer Slogans denkt. Doch alle drei waren davon überzeugt, dass man den Menschen erst die Ohren zerschlagen müsste, damit sie jene Botschaft erreicht.

„Gott ist tot", das heißt zunächst, dass der Mensch seinen schützenden Vater verloren hat. Dieser Teil der unerhörten Botschaft ist leicht verständlich. Doch die entscheidende Verschärfung verleiht ihr Nietzsche durch die Selbstanklage: Wir haben ihn ermordet. Daraus hat Freud dann den psychoanalytischen Grundmythos vom Urvatermord entwickelt. Hinter den zu großen Fragen des metaphysischen Bedürfnisses steht die zu große Tat: der Gottesmord.

Hören wir noch einmal genauer auf die buchstäblich unerhörte Botschaft des tollen Menschen im berühmten § 125 der Fröhlichen Wissenschaft: Gott ist tot, und wir haben ihn getötet. Das ist die größte Tat der Weltgeschichte; sie ist aber für uns zu groß, wir wissen uns nicht von ihr zu reinigen. Deshalb haben wir sie verdrängt; wir wissen nicht, was wir getan haben; unsere eigene, größte Tat ist uns ferner als das fernste Gestirn. Und deshalb versteht niemand den tollen Menschen, Nietzsche, Freud. Das Allermundewort „Gott ist tot", das man in Popsongs hören und als Graffito auf Autobahnbrücken lesen kann, bleibt die rätselhafteste Hieroglyphe. Deshalb stellt Nietzsche immer wieder die Frage: Hat man mich verstanden? Durchaus nicht, denn *das Ereigniss selbst ist viel zu gross, zu fern, zu abseits vom Fassungsvermögen Vieler, als dass auch nur seine Kunde schon angelangt heissen dürfte.*

Nach dem Tod Gottes wird aus Religion Religiosität; sie bekommt in der modernen Gesellschaft tatsächlich jene Opium-Qualität, die Karl Marx ihr nachgesagt hat. Mit anderen Worten: Säkularisierung produziert atheistische Religiosität, das Parfüm des Heiligen. Wir haben das unter dem Stichwort „Boutique-Religion" schon ausführlich diskutiert. Dagegen formuliert Nietzsche sein Wahnsinnsprojekt, einen neuen Gott zu schaffen, weil nur ein Gott uns vor dem Letzten Menschen retten kann. Am 6.1.1889 schreibt Nietzsche an Jacob Burckhardt: *zuletzt wäre ich sehr viel lieber Basler Professor als Gott; aber ich habe es nicht gewagt, meinen Privat-Egoismus so weit zu treiben, um seinetwegen die Schaffung der Welt zu unterlassen.*

Das ist die eine heroische Möglichkeit, sich in einer gottfernen Zeit zu behaupten, nämlich selbst einen neuen Gott zu schaffen, oder doch zumindest zu verkündigen – Nietzsche als neuer Prophet. Sein Schüler Max Weber hat die Bedingungen der zweiten Möglichkeit benannt, männlich in einer gottfernen Zeit leben – Politik als Beruf. Und die Weber-Formel für die dritte Möglichkeit, nämlich Wissenschaft als Beruf, passt auf niemanden besser als auf Freud, den Begründer der Psychoanalyse, der sein ganzes Leben in den Dienst des Durcharbeitens zur historischen Wahrheit gestellt hat.

Max Weber hat Nietzsches Forderung, aus dem Tod Gottes *eine großartige Entsagung* zu machen, ernst genommen. Das kann man seinen religionssoziologischen Untersuchungen genau so entnehmen wie den großen Reden über Wissenschaft und Politik als Beruf. Für den ernsten Menschen ist der Sinn des Lebens im Dienst an einer Sache zu finden, also im rational und methodisch ausgeübten Beruf, dessen asketische Bedeutung der Calvinismus so großartig herausgearbeitet hat. Die polemische Stoßrichtung des Lebensprogramms, das Heil der Seele im Beruf zu suchen, wird aus der Gegenstellung zur Kontemplation der Intellektuellen besonders deutlich.

Max Weber übersetzt Luthers Zwei-Reiche-Lehre in die Antithese von Gesinnungs- und Verantwortungsethik. Obwohl es sich hier nicht um eine bündige Disjunktion handelt, sondern beide Ethiken sich in der konkreten Lebenswirklichkeit durchdringen können, arbeitet Weber doch ein großes Entweder / Oder heraus. Man muss zwischen einem Leben in religiöse Würde und Manneswürde unterscheiden. Und aus der Perspektive der Manneswürde muss das Leben in religiöser Würde geradezu als Würdelosigkeit erscheinen. Hier gibt es keine Kompromisse, und es ist eine unterhintergehbare Frage der eigenen letzten Stellungnahme, welche der Lebensformen als Gott wohlgefällig oder als des Teufels erscheint.

Dem religiös Unmusikalischen ist die Lebensform der religiösen Würde unvollziehbar. Er lässt sich auf „diese Welt" und ihre durchschnittlichen Defekte ein. Max Weber verwandelt Nietzsches Pathos der Distanz in die politische Tugend des *Augenmaßes*, die allein dem *Ethos der Politik als ‚Sache'* entspricht. Mit der Wendung zum Beruf der Politik ist die religiöse Frage aber nicht erledigt, sondern stellt sich mit neuer Dringlichkeit. Denn die Sache der Politik ist zuletzt *Glaubenssache*.

Doch dieser Glaubenssache der Politik kann man nicht durch ein Opfer des Intellekts entsprechen, sondern nur durch entschlossenes politisches Handeln, das unvermeidlich in Schuld verstrickt. Die Tragik des politischen Handelns fordert eine *männliche und herbe Haltung*, nämlich *Sachlichkeit und Ritterlichkeit*. Diese stolzen Vokabeln machen deutlich, wie schwer die Aufgabe ist, den modernen Alltag auszuhalten. Und die *Polarnacht*, die Weber für Europa ankündigt, bestätigt noch einmal den tollen Menschen Nietzsches: *Ist es nicht kälter geworden? Kommt nicht immerfort die Nacht und mehr Nacht? Müssen nicht Laternen am Vormittage angezündet werden?*

Nietzsches Metaphysik des Willens zur Macht, Max Webers Begriff von Politik als Dämonie der Gewalt und Freuds Enthüllung der triebhaften menschlichen Aggressivität sind drei Varianten derselben unerhörten Botschaft. Dass politische Aufgaben nur mit Gewalt zu lösen sind; dass Politik als Gewaltpragma unvereinbar mit dem Leben des Heiligen ist; dass Politik als Pakt mit dem Teufel begriffen werden muss, weil sie sich unweigerlich in Gewaltsamkeit verstrickt – all das wollen die politischen Kinder der modernen Gesellschaft nicht wahrhaben. Nicht Männlichkeit sondern Kindlichkeit ist die Signatur unserer Zeit. Und die Kindlein hören es nicht gern, wenn man ihnen vom Bösen im Menschen erzählt. Man hat Ohren, um nicht zu hören. Und deshalb dringt durch die Schriften dieser großen Denker immer wieder der Verzweiflungsruf: Habt ihr mich verstanden?

Durchaus nicht! Und was Freud über Nietzsches Wahnsinn und Webers Resignation hinausträgt, ist allein die Tatsache, dass er dieses Nichthörenwollen selbst in seine Theorie integrieren konnte, nämlich als „Widerstand" in der und gegen die Psychoanalyse. Den toten Gott ins Register des Unbewussten einzutragen, war seine genialste Intuition. Gott ist tot, aber gerade dadurch mächtiger denn je, nämlich im Unbewussten. Die Religion verdankt ihre Macht dem Schicksal der Verdrängung. Wer Freuds Analysen ernst nimmt, kann Religion also nicht mehr einfach nur als Tradition begreifen, sondern muss sie als zwanghafte Erinnerung verstehen – als Wiederkehr des Verdrängten.

Hier stoßen auch die beiden artikuliertesten Theorien der Religion der Gegenwart, nämlich die von Hermann Lübbe und Niklas Luhmann, auf ihre Grenzen. Die Robustheit der Religion wäre unerklärlich, wenn es nur um eine zivilreligiöse Kompensationsfunktion oder um religiöse Kommunikation ginge. Warum ist sie immun gegen Aufklärung, Skepsis und Kritik? Im Medium des Glaubens wird eine historische Wahrheit überliefert, doch *sie muß erst das Schicksal der Verdrängung, den Zustand des Verweilens im Unbewussten durchgemacht haben, ehe sie bei ihrer Wiederkehr so mächtige Wirkungen entfalten* kann.

Destruo, ergo sum. Das ist das bittere Fazit der über sich selbst aufgeklärten Aufklärung. Herr Cogito war eine Maske, hinter der nun wieder „homo natura", der alte Adam erkennbar geworden ist. Deshalb ist die Lehre von der Erbsünde realistischer als die der Vernunftaufklärung. Der protestantische Theologe Karl Barth hat das einmal auf die Formel gebracht: *Die Wirklichkeit der Religion ist das Entsetzen des Menschen vor sich selbst.* Seine Aggressivität lässt sich nicht aus den Notwendigkeiten der Naturbeherrschung und der Eigendynamik der Freund-Feind-Verhältnisse ableiten. Die Gewalt ist ohne Grund.

Freud lehrt nun, dass die grundlose Gewalt aus einer *primären Feindseligkeit* des Menschen entsteht; *der Nächste [ist] eine Versuchung, seine Aggression an ihm zu befriedigen.* Deshalb hat Moses die Zehn Gebote gebracht, und Jesus hat sie in dem uns alle überfordernden Liebesgebot resümiert. Die Größe der Forderung, den Nächsten und den Feind zu lieben, ist ein getreuer Maßstab für das Ausmaß jener für das gesellschaftliche Leben konstitutiven Gewalt. Was wir Gesellschaft nennen, ist auf die grundlose Gewalt hin berechnet. Mit den kalten Worten des Psychoanalytikers Jacques Lacan: *wir verbringen unsere Zeit damit, die Zehn Gebote zu verletzen, und deshalb ist eine Gesellschaft möglich.*

Die grundlose Aggression des Menschen hat Freud als *das Kulturhindernis* schlechthin erkannt; sie markiert *die wundeste Stelle jeder Kultur.* Für dieses Problem gibt es keine Lösung, sondern nur die tragische Wahl zwischen dem Unglück durch Aggression und dem Unglück durch die ethische Abwehr der Aggression. Das Unglück durch Abwehr ist nämlich gemeint, wenn Freud vom Unbehagen in der Kultur spricht, die gegen die Erbsünde der Aggression das unerfüllbare Gebot der Nächstenliebe aufgerichtet hat. Jacob Taubes sagt deshalb zu recht: *Niemals seit Paulus und Augustin hat ein Theologe eine radikalere Lehre von der Erbsünde vertreten als Freud.*

Alle Religionen kennen den Kult des Großen Mannes, aber nur das Christentum weiß von seiner Tötung. Das Christentum ist zwar dem Judentum intellektuell unterlegen, aber es stellt einen entscheidenden Fortschritt in der Erkenntnis der historischen Wahrheit dar. Der Punkt, um den sich für Freud sowohl individualpsychologisch als auch kulturgeschichtlich alles dreht, ist *das Verhältnis zum Vater.* Es geht um das urzeitliche Verbrechen des Vatermords, das Schuld und Stolz der Menschheit ausmacht. Die Leiden des göttlichen Bockes Dionysos, von denen die griechischen Tragödien berichten, sind von der Passion Christi eigentlich gar nicht zu unterscheiden. Das Martyrium ist das Mysterium – das gilt für Christus und Dionysos gleichermaßen. Doch nur das Christentum bekennt die Untat der Urzeit.

Die Christen gestehen also den Gottesmord. Und erst dieses Bekenntnis der Schuld ermöglicht den Machtwechsel. *Die Sohnesreligion löst die Vaterreligion ab.* Doch damit ist der absolute Vater nicht abgetan, sondern er gewinnt sogar an Macht – ein dialektisches Meisterstück, das wir dem Apostel Paulus verdanken. Der christliche Gott der Liebe ist für die Menschen erfahrbar in Jesus Christus, der aber selbst nur seine Beziehung zum Vatergott ist. In der Relation Gott-Mensch ist nur der Mensch ein Relatum; Gott ist ein Absolutum. Aber durch Jesus Christus ist Gott auf beiden Seiten des Verhältnisses – als Allmacht und Ohnmacht.

Auch diejenigen, die Paulus gehasst haben, mussten doch anerkennen, dass seine Umwertung des Kreuzes der großartigste semantische Coup der Weltgeschichte war. Das Wort vom Kreuz richtete sich gegen die Griechen, deren logischem Empfinden es eine Torheit war; gegen die Juden, denen es, wie der ehemalige Zelot nur zu genau wusste, ein unerträgliches Ärgernis sein musste; gegen die Gnostiker, von denen denn auch der Bannfluch „anathema Jesous" überliefert ist; aber letztlich auch gegen das Leben des Lehrers und Magiers Jesus, von dem die Evangelien berichten.

Paulus macht aus Jesus Christus. Es geht ihm nicht mehr um den großen Lehrer Jesus, sondern um die Geschichte seines Todes. Paulus hat Jesus nicht gekannt und musste ihn auch nicht kennen, um jene Urgeschichte fortschreiben zu können. Die Paulinische Ironie der Torheit des Kreuzes liegt eben darin, dass der wie ein Verbrecher schmählich Gekreuzigte der König Israels ist; man könnte von einer göttlichen Dissimulation sprechen. Die Passion entauratisiert den Messias. Seither kommt das Heil aus der Hinfälligkeit. Der Sohn Gottes stirbt wie ein Verbrecher. Und das bedeutet in Paulinischer Dialektik, dass der Messias als Sündenbock das Gesetz aufhebt.

Jesus hat die Macht der Vergebung entdeckt. Ein Mensch, der vergibt, vollbringt ein Wunder. Und darin geht die Dialektik des Kreuzes nun doch entscheidend über eine bloße Umwertung der Werte, einen rein semantischen Coup hinaus. Das Kreuz steht für ein neues Sein: das Sein im Leiden. Die dialektische Macht dieses neuen Seins hat Papst Benedikt XVI. in einen unscheinbaren Neologismus gefasst: *umleidend*. So wie die Griechen im „pathein mathein" das Leiden und das Lernen verknüpft haben, so verknüpft Jesus in der Bergpredigt das Leiden und das Lieben. Lieben kann nur, wer leiden kann.

Und moderne Menschen leiden daran, nicht leiden zu können. Deshalb hat Schopenhauer ihnen seine eigene Philosophie als Therapie verordnet. Nun kann man zwar Schopenhauer darin folgen, dass das Christentum die Allegorie der Wahrheit ist. Aber man kann sie nicht deuten! Da hat sich die Philosophie überschätzt. Man muss also beim Bild stehen bleiben – bei Jesus. Und dazu bedarf es keiner Metaphysik. Jesus Christus genügt. Mehr muss man von Gott nicht wissen. Es ist kein Problem, dass er „deus absconditus", der verborgene Gott, bleibt. Jesus Christus ist das „eikon tou theou" (2.Kor.4,4), das wahre Bild von Gott.

Dem Gläubigen genügt es, den Geschichten von und über Jesus zu folgen, die um die Wunder, die Lehre und das Leiden kreisen. *Das Christentum ist eine Erzählgemeinschaft*, hat Harald Weinrich zurecht bemerkt. Gerade deshalb aber ist es sinnlos, zwischen dem Christus des Glaubens und dem historischen Jesus unterscheiden zu wollen. Denn erstens gab es damals nur ein mythisches Weltverstehen. Und zweitens würde sich der christliche Glaube ohne den historischen Jesus in Gnosis verwandeln.

Das zentrale Paradox des Glaubens besteht eben darin, dass das Ewige das Geschichtliche ist. Im Christ-Sein ist das Reich Gottes da. Das gibt ja auch der Gerichtsszene des Jesus vor Pilatus ihre Gewalt: Die Wahrheit bricht in die Realität ein und fordert sie heraus. Doch von nun an bleibt die Wahrheit an das Opfer des Intellekts gebunden. Es geht um Pistis, nicht um Gnosis. Und man versteht das Evangelium durchaus richtig, wenn man es, wie Max Weber, als *Verkündigung eines Nichtintellektuellen nur an Nichtintellektuelle* liest. Gott gibt den Glauben den Kindern, nicht den Intellektuellen; es geht nicht um das Wissen der Dogmen, sondern um Vertrauen in die Verheißung.

Nichtintellektuelle, Ungebildete, Kinder – das kann man leicht missverstehen. Jesus sagt zwar: Liebe Gott wie ich ihn liebe, nämlich als sein Sohn. Doch dieses *Gotteskindschaftsbewußtsein* steigerte in der modernen Welt die Sentimentalität bis in pietistische Gefühlshöhen, deren *winselnder Tonfall [...] kraftvolle Männer so oft aus der Kirche gescheucht hat.* Deshalb hat Max Weber die evangelische Kirche immer wieder daran erinnert, dass auch der Vater des Gottessohns *kein zärtlicher moderner Papa* ist, sondern, ganz kafkaesk, strenger *Hausvater.*

Doch dass Gott kein netter Papa ist und Jesus nicht sozial war, wagt die Kirche heute kaum mehr auszusprechen – und man muss befürchten: auch kaum mehr zu denken. Dabei würde es genügen, sich an Luthers schlichte Bestimmung des Wesenskerns der absoluten christlichen Religion zu erinnern: an Christus und das Kreuz glauben und Mildtätigkeit gegen die Armen. Das ist die einzige materiale Ethik, die der Westen zu bieten hat.

Heute scheint sie aber in Sentimentalität und Wertefunktionalismus zu zerfallen. Aus dem „summum bonum" ist der höchste Wert geworden. Wir haben ja schon zahlreiche Versuche einer Neubesetzung der Wertstelle Gott beschrieben, die sich alle darin gleichen, dass sie das Heilige als den Wert des Werts ansetzen. Doch was auf den ersten Blick wie der Versuch einer Rettung Gottes in modernen Wertbegriffen aussieht, erweist sich bei Lichte betrachtet als erneuter Gottesmord. Martin Heidegger sagt: *der härteste Schlag gegen Gott besteht darin, dass er zum höchsten Wert herabgewürdigt wird.* Diese wunderbar dialektische Formulierung entspricht präzise der Diagnose Nietzsches, im Bild des nur noch lieben Gottes und seines Reichs als Hospital wolle das Christentum *Gott zum ‚Guten an sich' herunterbringen.*

Wir nehmen das als Warnung, die christliche Liebe nicht vom lieben Gott aus zu denken. Stattdessen fassen wir die christliche Liebe im Gegensatz zum archaischen Opfer, vor allem aber als Aufhebung des jüdischen Gesetzes. Die Liebe zu Gott ist absolut, weil man vor ihm immer Unrecht hat. Leben lässt sich diese Liebe zu Gott aber nur als Liebe zum Nächsten. Man braucht das Wissen vom Ganzen, das Gesetzeswissen nicht, wenn man den Nächsten liebt. Es handelt sich hier um eine Injunktion, eine Verschreibung. Gerade weil die Liebe zu den Menschen unplausibel ist, wird sie als Nächstenliebe geboten: Liebe den Menschen um Gottes willen! Die Caritas liebt im anderen Menschen Gott. Das bedeutet aber, dass Caritas sich nicht um die Eigenart des anderen sorgt, sondern um sein Heil. Sie kann deshalb mit persönlicher Kälte einhergehen. Vom *Eistempel der Nichts-als-Gottes-Liebe* hat der junge Georg Lukács einmal gesprochen.

Um die christliche Liebe stark zu machen, muss man den Begriff des Nächsten von der Soziologie eines „alter ego" genau so deutlich abheben wie von der Psychologie des Narzissmus – dass ich der andere des anderen bin und mich selbst im anderen liebe. Aber gerade wenn man die Erfahrung macht, dass Nächstenliebe im Normalfall des Alltags Narzissmus ist, weil „Ich" und mein „Nächster" derselbe andere sind, wird die Lektion des Christentums deutlich: Jede Liebe ohne Gott ist narzisstisch. Das gilt auch noch für die humane Forderung, den Nächsten zu lieben, weil man selbst nur zufällig nicht er ist. Vor Christus dagegen sind alle gleich, weil alle gleichen Anteil an seiner Liebe haben. Brüder sind sie durch die Liebe, die er für sie hat. Die Erwartung – Überforderung? –, die mit dieser Gewissheit des Glaubens verknüpft ist, hat Freud genau bestimmt: *Jeder Christ liebt Christus als sein Ideal und fühlt sich den anderen Christen durch Identifizierung verbunden. Aber die Kirche fordert von ihm mehr. Er soll überdies sich mit Christus identifizieren und die anderen Christen lieben, wie Christus sie geliebt hat.*

Die eleganteste Antwort auf die Frage, wie ein armer Sünder dieser Forderung gerecht werden soll, findet sich bei Paulus. Seine große Leistung, die Umwertung der antiken Werte, steckt im Agape-Begriff wie in einer Nussschale. Liebe deinen Nächsten wie bzw. als dich selbst. Wie soll das psychologisch möglich sein? Der Nächste ist doch zunächst einmal mein Rivale! Die Paulinische Lösung ist genial: Ich liebe meinen Nächsten, den Fremden, nur *als Mandatar des unbekannten Gottes.* Und wie Karl Barth in aller Nüchternheit betont: *Eine direkte allgemeine ‚Nächsten'- und Bruder- oder auch Fernsten- und Negerliebe ist nicht gemeint.*

Gerade deshalb ist aber auch der Schritt von der Nächstenliebe zur Feindesliebe kleiner, als es ein religiös Außenstehender vermuten muss. Im Gegensatz zu menschlichen Gefühlen ist Agape nämlich nicht reziprok. Gemeint ist Liebe als Haltung, die es ermöglicht, liebevoll zu Menschen zu sein, die man nicht mag. Und wenn Freud gegen die christliche Liebesforderung darauf hinweist, dass nicht alle Menschen liebenswert sind, so besteht die Pointe des Begriffs Agape genau darin: den zu lieben, der nicht liebenswert ist; Leute zu lieben, die man nicht mag. Und es ist gerade die Nichtreziprozität der Agape, die aus dem Dilemma befreit, dass enttäuschte Liebe in Hass umschlägt. Auch im Begriff der Liebe ist Paulus also eine perfekte dialektische Umkehrung gelungen. Agape setzt am Gegenpol an. Und so lautet die christliche Mission: Liebe deine Feinde – als künftige Brüder!

Der Begriff der christlichen Liebe mit ihrem Gebot der Feindesliebe und der Begriff des Politischen mit seiner Grundunterscheidung von Freund und Feind stehen sich unversöhnlich gegenüber. Daran ändern auch Carl Schmitts raffinierte Differenzierungsbemühungen nichts, die in die Unterscheidung von persönlichem und öffentlichem Feind, also inimicus und hostis, die Möglichkeit hineindeuten, die christliche Feindesliebe mit Realpolitik zu vereinbaren. Max Weber war hier konsequenter und hat der christlichen Liebe ohne Distanz das Nietzschesche Pathos der Distanz entgegengestellt.

Am Thema der Feindesliebe kann man sich besonders gut vergegenwärtigen, wie schlüssig die Theoriebemühungen von Nietzsche, Freud und Weber ineinander greifen. So entwickelt der Soziologe Weber seinen Begriff der religiösen Rationalisierung aus dem Ressentimentbegriff des Philosophen Nietzsche („Geist der Rache") und dem Sublimationsbegriff des Psychologen Freud. Feindesliebe ist demnach jene *Sublimierung, die dem Feinde schrankenlos verzeiht, um ihn vor andern oder und vor allem vor sich selbst beschämen und verachten zu können.* Man kann den Feind nur lieben und darauf verzichten, dem Übel mit Gewalt zu widerstehen, wenn man sicher sein kann, dass Gott dereinst vergelten wird. Es gibt also keine Kommunikation zwischen dem Gott der Liebe und dem Dämon der Politik. Und genau das markiert die wundeste Stelle der Kultur.

Seelennahrung

Papst Benedikt XVI. hat im Blick auf postmoderne Theorien der modernen Welt von einer Diktatur des Relativismus gesprochen. Und in der Tat heißt Moderne immer auch Relativismus, Individualität, Differenz. Dagegen verheißt die Politik das Totale (das ist das große Thema des Staatsrechtlers Carl Schmitt), die Ethik das Universale (das ist das große Thema des Philosophen Jürgen Habermas) und die Religion das Absolute (unser Thema). Durch den Zerfall der Institutionen sind die Werte obdachlos geworden. Aber auch die konkrete, alltägliche Lebensführung ist dadurch problematisch geworden. Man könnte sagen, die selbstverständliche Hintergrundserfüllung durch Institutionen schwindet.

Am Anfang war die Bindung. So heißt es noch beim „frühen" Niklas Luhmann: *das Faktum konkret festlegender Selbstverstrickung in den sozialen Prozeß ist die ‚Natur' des Menschen.* Traditionell lebten die Menschen mit wenigen Optionen in starken Bindungen. Modern leben sie mit vielen Optionen in schwachen Bindungen. Wer aber zu viele Optionen hat, braucht Navigatoren und Ligaturen. Man kann nämlich nicht wählen, wenn man zu viele Möglichkeiten hat. Die anderen Möglichkeiten verderben uns das Vergnügen. Kontingenz macht unglücklich. Das ist die aktuelle Variante des Unbehagens in der Kultur: Die moderne Explosion der Erwartungen und Optionen stürzt uns in Depressionen.

Wenn man Alternativen hat, braucht man Werte, die regeln, welcher der Vorzug zu geben ist. Doch woher nehmen? Die Ratlosigkeit ist besonders groß bei denjenigen, die ihr Identitätsmanagement modernitätskonformistisch an den Standards der wissenschaftlich entzauberten Welt orientieren. Ihnen hat der große Reaktionär Nicolás Gómez Dávila einen *Analphabetismus der Seele* vorgeworfen. Und in der Tat produziert die moderne Welt nicht nur ökonomische sondern auch seelische Globalisierungsverlierer, in denen sich eine konturlose Gottesnostalgie regt; sie sind die eigentlichen Subjekte der neuen Religiosität.

Gerade die Ungläubigen haben Religion als Glauben an eine transzendente Realität nötig. Gerade ihnen kann man konfektionierte Transzendenz verkaufen. Der Gläubige sieht deshalb die Kirche in der Gefahr, als seelenvolles Komplement der entzauberten Welt in den Gefühlshaushalt des modernen Großstädters eingerechnet zu werden: Katholizismus als Kompensation des Kapitalismus, Christentum als Konsumartikel, die Kirche als Fluchthelfer aus der Langeweile des Unglaubens. Schon Oswald Spenglers Definition der Religion als *erlebter Metaphysik* ratifiziert eine radikale Subjektivierung des Glaubens. Wenn aber Religion zur Privatsache wird, ist alles Private religiös aufgeladen. Und so kann man Individualisierung selbst als die heimliche Religion der modernen Gesellschaft begreifen.

Aber die absoluten Iche brauchen Bindung: religio. Das wird sofort erkennbar, wenn wir von der alten zur neuen Weltsprache wechseln. Religio heißt heute Commitment. Es geht um ein funktionales Äquivalent für den Gottesglauben, wobei Gott durch eine Selbstversorgung mit Werten ersetzt wird. Der Glaube ist ja die traditionelle Sprache der Werte, und Werte seligieren, wie wir mit unserer knappen Lebenszeit umgehen. Ökonomisch betrachtet, impliziert Commitment eine Wahl gegen den Strich der eigenen Vorlieben und Interessen. Es fällt also das, was man wählt, nicht mit dem zusammen, was die eigene Wohlfahrt steigert. Commitment ist aber auch nicht Sympathie. Denn Sympathie wäre Leiden am Leiden anderer, während Commitment ein Selbstopfer impliziert. Und dadurch werden Werte wertvoll. Commitment ist die Entscheidung für eine Bindung. Dieser Lieblingsbegriff des Amerikanismus bezeichnet eine selektive Selbstfestlegung, eine freiwillige Wertbindung.

Die Welt hat eine Bedeutung und der Mensch eine Berufung; es gibt menschliche Größe, universale Standards und persönliche Verantwortung – das sind die Elemente einer freiwilligen Wertbindung, die sich gegenseitig stützen. Doch das gilt eben nur in dieser freiwilligen Bindung. Michael Polanyi spricht hier von einer Ontologie der Selbstverpflichtung. Gemeint ist eine Welt von Dingen, die nur für diejenigen existieren, die sich ihnen verpflichten. Wissenschaftlich, also von außen betrachtet bleibt dagegen vom Gesetz nur das Gesetzte, von der Sittlichkeit nur die Konvention, von der Tradition nur die Trägheit und von Gott nur ein psychologisches Bedürfnis übrig.

Als Régis Debray einen der bekanntesten Sätze von Karl Marx vom Kopf auf die Füße stellte und Religion nicht als Opium fürs Volk, sondern als Vitamin für die Schwachen definierte, zielte er auf ihre lebenspraktische Prägekraft. Nur Religion motiviert wirklich. Und was man versteht, motiviert nicht mehr. Religion als Praxis bezieht sich deshalb nicht auf das Dogma, sondern auf die Lebensführung. So könnte man Religion als Einheit von Weltbild und Lebensführung, als System der Lebensregulierung definieren.

Jede Lebensführung setzt eine Führungsidee voraus. Und das markiert den polemischen Index dieses Begriffs – nämlich gegen den des bloßen Lebensstandards. Max Weber hat daran seine Forderung der Männlichkeit geknüpft: weder einen Ausweg aus der Welt noch sein Selbst zu suchen. Das gibt seiner Stilisierung der bürgerlichen Lebensführung durch die Begriffe Beruf und Pflicht ihr unnachahmliches Pathos. Für Weber war ja das Suchen nach Lebenssinn selbst der Grund für das Nichtfinden – so hat es später dann auch der Therapeut Paul Watzlawick gesehen.

Solange man weiß, was man zu tun hat, sucht man nicht nach dem Sinn. Das gilt auch innerreligiös. Doch die Lösungsstrategie der Religion ist eine andere; sie spaltet das Problem der Ungewissheit auf. Die Kirche bietet hohe soziale Ungewissheit (Was soll ich tun?) bei geringer symbolischer Ungewissheit (Was bedeutet das?) – und genau umgekehrt ist es bei der Sekte. Man hat in der Religion also immer die Wahl zwischen sozialer und symbolischer Unsicherheit. Der Kirchgänger könnte, wenn er reflektieren wollte, sagen: Ich weiß, was es bedeutet; aber was folgt daraus? Und das Sektenmitglied müsste, wenn es reflektieren könnte, sagen: Ich weiß, was ich tun soll; aber worum geht es?

Der monotheistische Gott, der sich an die Seelen wendet, hat den Außenhalt der Religion zerstört – und braucht deshalb eine Kirche. Seither trennt die Kirche die Religion vom Wahnsinn. Sagen wir genauer: die katholische Kirche. Sie hält den Fanatismus nieder, indem sie das Amt des Priesters vom Charisma ablöst. Der Religionsphilosoph Jacob Taubes ist sogar so weit gegangen, der Kirche einen ironischen Effekt der *Weltlockerung* zuzuschreiben – nur der Glaube macht gelassen.

Durch diese Funktionsbestimmung sieht sich die christliche Kirche aber in ein Netz von Antithesen verstrickt. Sie steht theologisch gegen jede Form von Gnosis und gegen den Legalismus des Judentums. Sie steht „erkenntnistheoretisch" gegen die Philosophie für die Wenigen, denen Karl Jaspers das Adelsprädikat der *bewusst Ungeborgenen* verliehen hat, und den Aberglauben für die Vielen, der in der Wahl einer Eigenformel (vgl. das Kapitel über Boutique-Religion) besteht. Sie steht soziologisch gegen den Einzelnen und die Masse. Aber vor allem auch: gegen die Sekte und deren strenge Zucht, Auslese, ja

Bewährungserziehung. Alle Sekten erziehen durch eine Art ethisches Training; so entsteht eine Frömmigkeit, die ihrerseits „Charakter" produziert. Deshalb finden wir die Charismatiker und Glaubensvirtuosen typisch in der Sekte. Sie verhält sich zur Kirche wie die Auslese zum Befehl.

Max Weber hat einmal gesagt, die Sekte liege im *Kriege gegen die Theologie*. Theologie ist nämlich die Rationalisierung des Heilsbesitzes; sie geht vom Faktum der Offenbarung aus: Es gibt Sinn. Und die Kirche versteht sich als Anstalt des Heils, die die Gnadengaben monopolartig verwaltet. Das gibt dem Priester seine unvergleichliche Stellung; er steht für das Heil von Amts wegen. Und gerade dem religiös unmusikalischen Menschen verhilft das von der Kirche verwaltete Dogma zum Glauben. Deshalb könnte man heute (heute!) sagen: Die Kirche ist das transzendentale Obdach der religiös Unmusikalischen. Denn religiös unmusikalisch heißt eben nicht irreligiös. Die Kirche überlebt gerade weil und wo die religiösen Motive schwach sind. Starke religiöse Motive führen ja zur Sektenbildung. Das stößt uns auf eine erstaunliche Paradoxie: Die Stärke der Kirche liegt in der Schwäche der religiösen Motivation.

Wenn man sich nun fragt, wie die Kirche gegen die Gefahr des Zerfalls in Sekten noch am Anspruch auf absolute Autorisierung festhalten kann, bieten sich zwei Instanzen als Antwort an: das Buch der Bücher und der Papst. Die christliche Kirche versteht sich als Subjekt der Bibel. Indem sie kanonisiert und auf den Index setzt, verteilt sie souverän Thema und Anathema. Die kanonische Exegese liest ja die Bibel als Ganzes, konstruiert damit das Gedächtnis der Kirche und konstituiert Tradition als Aggregation des heiligen Wissens, das über die Zeit verstreut ist.

Der zweite Extremwert der Orientierung liegt in der Unfehlbarkeit des Papstes. Der Papst verkörpert ja traditionell den Katholizismus durch persönliche Repräsentation – das gibt es bei Juden, Moslems und Protestanten nicht. Und als Katechon steht er gegen die Entchristlichung der Welt. Das ist heute nur noch zu verstehen, wenn man sehr hoch abstrahiert. Wie schon Carl Schmitt gesehen hat, ist der Vatikan in einem ganz radikalen Sinne die letzte Repräsentation. Das wird gerade durch die neue Sichtbarkeit der Kirche qua Medienpräsenz deutlich. Im Medium der Medienpräsenz kann der Papst tatsächlich aber nur noch die Idee der Repräsentation repräsentieren.

Papst Johannes Paul II. war die bekannteste und zugleich rätselhafteste Persönlichkeit unserer Zeit. Seine souveräne, persönliche Herrschaft über die katholische Kirche konnte man eigentlich nur noch mit der Weltherrschaft des amerikanischen Präsidenten vergleichen. Früher war der Papst *ein priesterlicher Cäsar*, heute ist er ein medialer Weltstar. Johannes Paul II. hatte als erster begriffen, dass sich das Charisma seines Amtes heute auch der massenmedialen Inszenierung verdankt. In der Ökonomie der Aufmerksamkeit, die alle Lebensbereiche beherrscht, braucht man Stars. Erfolg hat hier nur derjenige, der selbst Markencharakter gewinnt. Und Karol Wojtyla, der einmal Schauspieler war, hat sich konsequent als „personal brand" stilisiert.

Von der Persönlichkeit mit Markencharakter erwartet das Publikum Exzellenz, Allgegenwart und Intimität. Damit dienen natürlich alle berühmten Schauspieler und Politiker. Doch der Papst des Medienzeitalters hat hier noch einen entscheidenden spirituellen Mehrwert zu bieten: er suggeriert Intimität mit dem Heiligen. Damit entspricht er dem tiefen Bedürfnis nach Äußerlichkeit und Sichtbarkeit des Religiösen.

Es war immer schon eine grobe Vereinfachung, den Unterschied von Katholizismus und Protestantismus mit dem Schema sichtbare / unsichtbare Kirche zu modellieren. Aber es ist sicher eines der Erfolgsgeheimnisse der neuen mediengerechten Päpste, konsequent auf Gefühl, Geste, Symbol und Mythos zu setzen. Wie Johannes Paul II. die Erde des jeweiligen Gastgeberlandes küsste, war von großer ikonischer Prägnanz. Der weltreisende Weltkommunikator nutzte die Massenmedien souverän als Werkzeuge der Evangelisierung.

Es handelt sich hier um ein einzigartiges Zusammenspiel von persönlicher Repräsentation, Realpräsenz und Medienpräsenz. Der Papst repräsentiert als Person den Katholizismus, als Weltreisender wird er für viele Millionen wirkliche Gegenwart, und seine Medienpräsenz sichert ihm eine imaginäre Allgegenwart. Carl Schmitt hat schon in den 20er Jahren mit einigem Recht darauf hingewiesen, dass sich im unbildlichen Betrieb der von sachlich-technischer Zweckmäßigkeit beherrschten modernen Welt nur noch die katholische Kirche die Kraft der Repräsentation zutraut. Der Papst repräsentiert insofern nicht nur den Katholizismus, sondern die Repräsentation selbst.

Die Realpräsenz des weltreisenden Weltkommunikators macht heute zweierlei deutlich: Propaganda fide ist der Ursprung der Werbung, und der Pilger ist der Ur-Tourist. Es wäre deshalb nahe liegend, die strategische Ausrichtung des Pontifikats einmal unter Marketinggesichtspunkten zu analysieren. Die Repräsentation der Repräsentation und der religiöse Tourismus sind gewissermaßen der Inhalt der päpstlichen Werbebotschaft. Die zentrale Botschaft der Medienpräsenz des Papstes ist die Sichtbarkeit der Kirche.

Es ist nicht besonders originell, an zahlreichen Beispielen zu belegen, wie weit sich der Papst vom Zeitgeist entfernt hat. Das gilt gerade auch für den Zeitgeist des Christentums selbst – man erinnere sich nur an den Streit mit Hans Küng, dem ebenfalls sehr medienwirksamen Exponenten der Theological Correctness. Die Betrachtungen, die Johannes Paul II. über das moderne Leben, insbesondere dessen Sexualmoral anstellte, waren natürlich völlig unzeitgemäß. Doch gerade radikal gegen den Strich des Zeitgeistes zu sprechen, ist ein probates Mittel im Kampf um die knappe Aufmerksamkeit der Weltöffentlichkeit. Der Papst setzte den Anachronismus selbstbewusst als Technik der Aufmerksamkeitsallokation ein. Man könnte auch sagen: er verkörperte die Vorteile mangelnder Lernbereitschaft.

Biblisch ist diese Haltung vorgeprägt in der Figur des Katechon, des Aufhalters. Die Physiognomie des Leidens, die den von Attentat und Selbstüberforderung gezeichneten Papst so eindringlich charakterisierte, passt präzise zu dieser Selbststilisierung als Katechont gegen die Entchristlichung der Welt. Und damit sind wir wohl dem Rätsel seiner Faszinationskraft auf der Spur: Seine Positionen waren oft unzeitgemäß, aber mit allen Wassern der neuen Medienwelt gewaschen. Mehr denn je lautet das Zauberwort der katholischen Kirche „complexio oppositorum", das Bündnis der Gegensätze. So praktizierte der Papst etwa gegenüber dem Islam, den Juden und der orthodoxen Kirche eine fortschrittliche Außenpolitik – um doch zugleich mit „heiliger Starrsinnigkeit" an einer fundamentalistischen Innenpolitik festzuhalten. Das Rätsel der Faszinationskraft des Papstes liegt in der Einheit von Modernität und Antimodernität.

Doch was ist daran verlockend? Für den aufgeklärten, modernen Menschen ist am Papsttum nichts provozierender als der Anspruch der Unfehlbarkeit. Die Wissenschaftskultur der westlichen Welt orientiert sich ja gerade umgekehrt an der prinzipiellen Fehlbarkeit jeder Argumentation. Was nicht prinzipiell falsifizierbar ist, macht sich eben dadurch verdächtig. Der unfehlbare Papst ist der permanente Skandal der modernen Welt. Aber gerade deshalb ist er attraktiv für alle, die die Folgelasten der Modernisierung auf ihren Schultern und Seelen spüren. In seiner Unfehlbarkeit kehrt die unbedingte Autorität des Vaters wieder und verspricht Orientierung in einer unübersichtlichen Gesellschaft.

Auch als Sinnstifter und Orientierungshelfer folgt der Papst der katholischen Grundfigur der complexio oppositorum: Er bedient das wachsende Bedürfnis nach einer neuen Spiritualität und forciert zugleich die Entsublimierung der geistlichen Kommunikation zum

Kult. Johannes Paul II. wußte, dass sich der Glaube des Volkes von Formen ernährt, und deshalb ließ er das Kultmarketing des Katholizismus in einem Maße gewähren, das bei Protestanten den Verdacht weckte, hier ersetze Ritualisierung die Religion.

So präsentiert sich die katholische Kirche heute als selbstbewusster Anachronismus, der die Aufmerksamkeit fasziniert. Um das Geheimnis ihrer jüngsten Erfolge zu lüften, ist es hilfreich, sich an den Dichter Rimbaud zu erinnern, der den Avantgardismuszwang der Neuzeit auf die Formel gebracht hat, man müsse absolut modern sein. Nicolás Gómez Dávila hat daraus die Waffe zum Gegenschlag geschmiedet: Nur die katholische Kirche nimmt uns *die Angst, nicht modern zu erscheinen.* Katholisch ist die Tiefe der Institutionen statt der Selbstreflexion einsamer Seelen. Das Absolute liegt in den Ordnungen. Und den Sinn des Lebens findet man im Geist der Institutionen, von denen man sich konsumieren lässt – in der objektiven Religion.

Das Wort Religion kommt entweder, wie Lactanz meint von „religare", was die Bindung der Seele an Gott bezeichnet, oder, wie Cicero meint, von „relegere", was die gewissenhafte Beobachtung der Riten bezeichnet. Dieser zweiten Lesart müssen wir uns nun zuwenden, denn die neue Religiosität der Weltgesellschaft erwächst nicht nur aus der Sehnsucht nach Gemeinschaft, sondern auch aus dem Hunger nach Ritualen.

Jedes Ritual kompensiert Kontingenz; es macht erträglich, dass alles, was ist, auch anders sein könnte. Religion kennt den Zufall nicht. Das Ritual ist die symbolische Transformation von Erfahrung. Das heißt aber auch, dass Rituale Gefühlsmuster anbieten, in denen man die eigenen Gefühle ausdrücken kann und die uns helfen, die Bürde der Freiheit zu tragen. Diese Gefühlsmuster bieten Weltorientierung. Denn man findet Patterns und Stereotype ja deshalb gut, weil sie die unerträgliche Vielfalt der Welt erträglich machen. Die Menschen können ertragen, dass sehr vieles möglich ist, wenn man sie zugleich vor der Erfahrung schützt, alles sei auch anders möglich, also zufällig. Und das ist eben die Funktion des Rituals.

Das Ritual ist ein beschränkter, Alternativen reduzierender Code im Sinne von Mary Douglas – es vollzieht die Einschränkung des Möglichen. Seine Ursprungssphäre ist natürlich das Religiöse, und Soziologen haben im Ritual denn auch den symbiotischen Mechanismus der Religion, also die Regulierung der Körperlichkeit des Gläubigen erkannt. Wenn Glaubensreligionen wie das Christentum sich entritualisieren, entziehen sie also den Gläubigen die Sicherheitsgrundlage. *Das Verbot des klassischen römischen Ritus nach der Liturgie-*

reform Pauls VI. war für viele Menschen eine spirituelle Katastrophe, meint Robert Spaemann sogar.

Von außen betrachtet, erscheinen religiöse Kulte, Zeremonien und Rituale als sperrig, spröde und unmodern. Doch gerade das ist ihr Reiz. Das lässt sich mit dem Handicap-Prinzip des israelischen Ornithologen Amotz Zahavi sehr gut erklären. Das Ritual ist ein teures Signal. Und das unnütze Teure kommuniziert in eindeutiger Weise den Wert einer Religion. Das Ritual ist das Handicap, das der Religion Glaubwürdigkeit und Aufmerksamkeit sichert; es ist gerade nicht eingängig und verständlich, sondern im Gegenteil meist schwer zu befolgen und oft geradezu absurd. Das zur Schau getragene Handicap signalisiert: Ich kann mir das leisten – z.B. anachronistisch zu sein. So, also von außen betrachtet, erscheint die lateinische Liturgie heute als das Pfauenrad des Katholizismus.

Von innen betrachtet, bietet das Ritual eine kollektive Darstellung der Transzendenzerfahrung – genau da, wo Worte versagen. Man könnte deshalb auch definieren: Riten sind die Praxis der Mystik. Das Mystische ist ja nach Wittgensteins schöner Formulierung das Unsagbare, das sich nur zeigt. Und genau so gibt es für das, was ein Ritual sagt, kein Äquivalent in der Umgangssprache. Das bedeutet aber auch: Nur im Ritual kann man sich dem zuwenden, was unendlich wertvoll ist.

Diese an Religion abgelesenen Bestimmungen lassen sich mühelos säkularisieren. Das Ritual synchronisiert Stimmungen – es ist das *Organ überindividueller Gestaltung*. Wer also wissen will, was eine Gesellschaft im Innersten zusammenhält, muss ihre Kulte und Rituale beobachten. Der autonome Ritus funktioniert als soziales Band. An den Restbeständen von Manieren und Höflichkeit kann man noch heute beobachten, wie das Zeremonielle das Soziale stimuliert. Doch Kult, Ritual und Zeremonie sind nicht nur das Vollzugsmedium sprachunbedürftiger Kommunikation, sondern auch das Sicherungsmedium, in dem die Gesellschaft das Kommunikationsrisiko kontrolliert. Gemeint ist das Risiko, dass Kommunikationsofferten abgelehnt, Aussagen negiert werden, Redeflüsse versiegen.

Wie geht's? Wie war's im Urlaub? Das Wetter! Rituale sind prinzipiell eingeschränkte Verständigung. Beste Grüße an die verehrte Gattin! Da kann man nicht nichts sagen. Und umgekehrt ist „Mein herzliches Beileid" bei aller Steifheit das Beste, was man einem Hinterbliebenen sagen kann – jede Eigendichtung persönlicher Betroffenheit wäre nur indiskret und peinlich. So hat Hermann Lübbe genau in diesem Zusammenhang auf einen kuriosen Effekt des Zerfalls alltäglicher Rituale hingewiesen: Seit Formeln wie „Der Herr hat's gewollt" und dergleichen am Grabesrand durch „persönliche" Worte abgelöst werden, ist die Sache für viele zu Tröstende so peinlich geworden, dass sie schon in der Traueranzeige darum bitten, von sämtlichen Beileidsbekundungen am Grab Abstand zu nehmen.

Auch das also leistet das Ritual: *Kommunikationsvermeidungskommunikation.* Es versorgt uns nicht nur mit dem transzendenzverbürgend Unsagbaren, sondern auch mit dem überlebenswichtig Nichtssagenden. Rituale operieren aber vor allem auch sprachlos, nämlich mit Rhythmus und Stereotyp; sie appellieren an den Körper und prozessieren Sinn über Wahrnehmung. Jedes Ritual unterbindet Reflexion und macht dadurch immun gegen Enttäuschungen. Das zeigt sich besonders deutlich daran, dass umgekehrt jeder Akt der Entritualisierung unmittelbar Ungewissheit erzeugt. Im rituellen Vollzug dagegen gibt es keine Chance für Negation – und damit für Reflexion. Das Ritual erspart uns die irritierende Mitteilung in der Kommunikation; an die Stelle von Verständigung tritt die Richtigkeit des Vollzugs.

All diese Leistungen werden vor allem in Phasen des Übergangs attraktiv, in denen große Gefahren lauern – wie eben heute in der Phase der Globalisierung. Rituale gestalten Betroffenheiten, die uns hilflos und ohnmächtig machen. Darauf zielt auch Odo Marquards Definition: *Religion ist Routine für das Außerordentliche.* Riten ermöglichen uns nämlich die Anpassung an emotionale Problemlagen, d.h. sie geben dem Problem eine Ausdrucksform und sorgen so für das *Überleben der Spannung in Formen.* Es geht also nicht darum, Widersprüche aufzuheben, sondern sie zu stabilisieren. Dann kann man auch mit dem Unverständlichen einverstanden sein.

Die Vertrautheit des Rituals macht das Unerklärliche erträglich. Diese Konstruktion des Erträglichen nennen wir Normalität. Deshalb charakterisiert Niklas Luhmann das Ritual als Konsensschaltung, denn seine Leistung besteht darin, das Bestehende nicht zu verändern, sondern zu sichern. Ganz ähnlich hat schon der Anthropologe Arnold Gehlen es als die wesentliche Leistung des Ritus bezeichnet, in Wahrnehmung, Bewusstsein und Verhalten der Menschen Stabilisationskerne zu legen.

Ein Ritual ist eine zum Selbstverhältnis stilisierte Handlung. Entscheidend ist also, dass die Form des rituellen Verhaltens mit ihrem Inhalt identisch ist. Man könnte sagen, Riten funktionieren als eine Art religiöser Formalismus. Das ist für unseren Zusammenhang von allergrößter Wichtigkeit. Denn aus dem Gesagten wird schon klar geworden sein, dass es auch „Riten ohne Gott" gibt, ja dass Götter aus Riten geboren werden. Der Soziologe Emile Durkheim hat das in seinem Werk über die elementaren Formen des religiösen Lebens klar herausgearbeitet. Sein Fazit: Religion ist weit mehr als die Idee eines Gottes oder heiligen Geistes.

Deshalb haben auch gottunfähige Zeiten wie die unsere eine Religion – man darf sie nur nicht ausschließlich in den offiziellen Kirchen suchen. Man glaubt zwar nicht an einen Gott, aber man schätzt die verhaltenssichernde Kraft der Rituale – etwa bei der Taufe, bei der Beerdigung und an Weihnachten. Oder man beschwört „christliche Werte", wenn man politisch nicht mehr weiter weiß (vgl. hierzu das Kapitel über Zivilreligion).

Rituale entstehen aus dem Schiffbruch der Unmittelbarkeit. Es ist nämlich tödlich für den Menschen, sich für ein natürliches Wesen zu halten; er passt nicht in die Welt. Und Riten kompensieren nun genau diesen Mangel an Umwelteingepasstheit. Jedes Ritual produziert rein als Form Vertrautheit und Bedeutsamkeit. Heute lehrt es uns den Wert der Redundanz, also des Gegenteils von Information (Muster, Stereotypen, Schemata). Wir beginnen, das Kultische als Pfeiler im Datenstrom zu schätzen. Die rituellen, kultischen Elemente der Gegenwartskultur haben also vor allem eine Kompensationsfunktion.

Zunächst einmal kompensiert die Ritualisierung die globale Mobilmachung, die Beschleunigung der Modernisierungsprozesse. Ganz selbstverständlich etabliert sich heute ein Langsamkeitskult, der das Nichtmitgekommensein als Kulturleistung verklärt, neben dem spezifisch modernen Geschwindigkeitskult. Und in der Tat leisten extreme Geschwindigkeit und extreme Langsamkeit kulturell dasselbe: sie machen das Alltägliche reizvoll.

Und damit sind wir schon bei den therapeutischen, sozialhygienischen Effekten von Kult und Ritual. Der Vorrang des Rituellen ermöglicht den Placebo-Effekt, den man nicht gering schätzen sollte, wenn man nichts anderes hat. Hausmüll trennen, Wasser sparen, auf Plastiktüten verzichten, das Hotelhandtuch mehrfach benutzen – man tut etwas für die Umwelt. Das hilft vielleicht nicht der Natur, aber der Seele. Und wem es nicht genügt, die eigene Seele durch gute Umwelttaten zu retten, sondern sich auch noch „selbstverwirklichen" will, dem werden heute konfektionierte Eigenformeln angeboten, die an den von Freud beschriebenen Individualmythos des Neurotikers erinnern.

Der Pseudoindividualist des Posthistoire sehnt sich nach dem persönlichen Ritus – eine wunderschöne Paradoxie, die heute von Ritus-Beratern entfaltet wird; das erspart die Psychotherapie. Marketingexperten nennen dieses Angebot Emotional Design; es ist das Kommunikationsdesign des Rituellen. Jedem Gläubigen muss das wie eine satanische Parodie auf die Präfiguration des richtigen Lebens im Kult, auf die sakramentale Steuerung des Menschen durch die Kirche erscheinen.

Vom Umgang mit der Hilflosigkeit

Es gibt Ideen, die so großartig sind, dass der Wissenschaftsbetrieb mit ihnen nur fertig werden kann, indem er ihren Autor für verrückt erklärt. Der Psychologe Julian Jaynes hatte eine solche Idee, und es ist nur einer Intervention des weltweit anerkannten Philosophen Daniel Dennett zu verdanken, dass sie heute wieder ohne Obskuritätsverdacht diskutiert werden kann. Der Titel des Buches von Jaynes artikuliert die Idee sehr präzise: The Origin of Consciousness in the Breakdown of the Bicameral Mind – Der Ursprung des Bewusstseins aus dem Zusammenbruch des Zweikammerngeistes. Dennett nennt diesen Forschungsansatz Software-Archäologie, weil hinter der Schlüsselidee von Jaynes letztlich die Überzeugung steht, dass sich die Hardware des menschlichen Gehirns in den letzten Jahrtausenden nicht wesentlich geändert hat, dass aber historisch-technische Prozesse die Entwicklung einer Software des Geistes provoziert haben, die dann eine Kettenreaktion ausgelöst hat, an deren Ende Bewusstsein entstand.

Es geht also um ein Modell des Geistes und nicht um eine Theorie des Gehirns. „The Bicameral Mind" ist der Begriff für den Geist des Menschen vor der Entstehung des Bewusstseins. Der Geist des archaischen Menschen war buchstäblich schizophren, zweigeteilt. Es gab einen befehlenden Teil, nämlich die Stimmen der Götter, und einen gehorchenden Teil, nämlich den Menschen. Und Religion ist für Julian Jaynes der nostalgische Schmerz über den Verlust dieses Zweikammerngeistes.

So wie die Ilias eine Welt bezeugt, in der ein geistiges Zweikammernsystem stabile Identitäten ermöglichte, die dem Befehl von Göttern folgten, so erzählt das Alte Testament die Geschichte vom Verlust des Zweikammerngeistes, d.h. des allmählichen Verstummens der göttlichen Stimmen. Das Neue Testament ist dann neu gerade darin, dass es eine Religion für den bewussten Menschen ist. Das Gesetz des Moses sprach noch von außen; das Gewissen des Sünders spricht von innen. Seither wächst die Sehnsucht nach den verlorenen Autoritäten, nach dem göttlichen Befehl – die Sehnsucht nach dem Absoluten.

Sobald Bewusstsein entsteht, verstummen die Götter, und die Sehnsucht nach einer archaischen Autorisierung des Lebens muss sich an heilige Schriften halten. Der Absolutheitshunger strebt nach einer Beziehung zum verlorenen Anderen des göttlichen Befehls und damit nach der Lebenssicherheit dessen, der gehorchen darf. Das klingt in modernen Ohren natürlich sehr dissonant, weil die Aufklärung Befehl und Gehorsam, Autorität und Hierarchie als die eigentlichen Feinde des emanzipierten Seins identifiziert hat. Man braucht schon den Mut der radikal unzeitgemäßen Betrachtung, um dieses Problem des Absolutheitshungers zu durchdringen.

Nun gab es ja einen, der selbst göttliche Befehle geben wollte. Für Nietzsche war der Befehl die Idealform der Kommunikation. Und was den Willen zur Macht von bloßen Wünschen und dem Begehren unterscheidet, ist exakt diese Dimension des Kommandos. Deshalb gravitieren Nietzsches Schriften zur Form des Spruchs, der auswendig gelernt werden will; er vereint die autoritative und die befehlende Rede. Was Nietzsches Stil damit produziert, ist *das gehorchende Ohr*.

Der Leser als Gefolgsmann – das war später dann auch das Ideal von Martin Heidegger, Theodor W. Adorno und Jacques Derrida. Und nur allzu gerne haben sich ihre Leser den Jargon angeeignet, die „Sprüche" nachgeplappert. Was Nietzsche so wohltuend von seinen Epigonen unterscheidet, ist, dass er den gehorsamen Leser ausdrücklich gefordert hat, ohne ihm ein Mäntelchen der Aufklärung oder des Selbstdenkens umzuhängen.

Der Stil von Befehl und Gehorsam lässt sich unter den Medienbedingungen der Zeit Nietzsches nur entwickeln, wenn es gelingt, Mündlichkeit in Schrift hineinzuretten. Zurück zur Mündlichkeit – diese Parole bestimmt den großen Stil als Jenseits der Schrift, in dem der Redner als Held vergöttert wird. Sokrates, Jesus und Zarathustra haben nicht geschrieben. Und wenn man wie Nietzsche unter Bedingungen der Modernität eben doch schreiben muss, um gehört zu werden, muss man schreibend reden. So entstehen Bücher als ob nicht. Der Text soll wie eine Partitur gelesen werden und hinter allem die tönende Stimme zu hören sein. Damit haben wir den absoluten Gegenpol des deliberativen Diskurses erreicht: die akustische Halluzination. In dieser Form haben sich im antiken Griechenland – folgt man Nietzsche, aber eben auch Julian Jaynes – Götter bekundet.

Der Befehl eines Gottes befriedigt unser Bedürfnis nach Unterordnung. Alle Religion lebt von dieser archaischen Erbschaft des Gehorchens. Wir suchen nach dem „Du sollst", das uns Abhängigkeit und Freiheit zugleich schenkt. Denn erst der Befehl „Gehorche!" ermöglicht ja Freiheit als Möglichkeit zum Ungehorsam. Und auch die Abhängigkeit ist ein Geschenk, denn sofern jede Autorität die Hinnahme fremder Entscheidungen impliziert, entlastet sie auch von Entscheidung. Hierarchie entlastet, weil sie klärt, worauf man reagieren muss, und uns die Leistungskonkurrenz mit dem Überlegenen erspart. Der, dem man dient, schützt.

Julian Jaynes' Software-Archäologie des Geistes harmoniert nun sehr gut mit den Befunden der Psychoanalyse, vor allem aber mit dem Begriff der Prämaturation. Der Mensch wird zu früh geboren – und daraus folgt fast alles. Man könnte von einer Geburt der Institution aus der Prämaturation sprechen. Der Mensch ist die normale Frühgeburt, instinktverlassen und hilflos wie kein anderes Wesen und deshalb dauerschutzbedürftig. Und wenn Thomas Hobbes den Staat aus dem wechselseitigen Versprechen von Schutz und Gehorsam entstehen ließ, so hat er damit nur die fundamentalen Existenzialien des Menschseins ins Politische übertragen: Ich bin bereit zu gehorchen, wenn, nein: weil du mich schützt. So prägt die infantile Abhängigkeit von der Liebe der Mutter den Kernbestand der Religion: das aus der Sorge geborene Vertrauen.

Bei Freud findet sich die ganz einfache Bestimmung, Religion entstehe aus dem *Bedürfnis, die menschliche Hilflosigkeit erträglich zu machen*. Sie übersetzt die infantile Hilflosigkeit in schlechthinige Abhängigkeit, indem der schützende Vater die sorgende Mutter verdrängt. Das ursprüngliche Gefühl des rettungslosen Preisgegebenseins macht also einen charakteristischen Gestaltwandel durch: von der infantilen Hilflosigkeit über die Vatersehnsucht zum Gottesglauben. Sein heißt nun abhängig sein von Gott. Der protestantische Theologe Friedrich Schleiermacher hat hierfür den prägnantesten Begriff gefunden: *schlechthiniges Abhängigkeitsgefühl*.

Schlechthinig heißt die Abhängigkeit von einer absoluten Macht. Und wenn wir auf die Ursituation der infantilen Hilflosigkeit und seine phylogenetischen Entsprechungen zurückblicken, können wir sagen: Die Menschen erfinden Absolutismen, um den ursprünglichen Absolutismus der Wirklichkeit zu depotenzieren. Der Philosoph Hans Blumenberg, dessen gesamtes Werk um diesen Komplex kreist, spricht vom *typischen Prozeß der theologischen Inkubation der begrifflichen Elemente der Selbsterfassung der Subjektivität*. Die Geschichte des Selbst ist die seiner Selbstbehauptung gegen das Absolute.

Doch die Kampflinie verläuft quer durch die Subjektivität selbst: *das Gefühl des eigenen Selbst und das Abhängigkeitsgefühl* liegen miteinander im ewigen Streit. Der Kampf zwischen dem Selbst und dem

Absoluten wird gleichsam ins Selbst hineinkopiert – als Widerstreit zwischen Stolz, dem antiken Thymos, und christlicher Demut. Das Christentum versteht sich deshalb als Sieg über den Stolz. Und genau das definiert nach Nietzsche *die christliche Würde: über den Stolz im Menschen Herr geworden zu sein.*

Von Soziologen wird man heute belehrt: Der Wirtschaft, dem Recht, der Schule und der Medizin kann sich niemand entziehen. Aber man muss nicht verreisen; man muss sich nicht für Politik oder Kunst interessieren. Und man muss nicht glauben. Das ist zuzugestehen. Doch Niklas Luhmann übertreibt die Bedeutung des unbestreitbaren Faktums, dass es Menschen gibt, die ohne Religion leben und sterben können. Damit will er jede anthropologische Fundierung der Religion zurückweisen und sie rein soziologisch begründen. Wir können ihm hier nicht folgen; natürlich halten gerade auch die Sinn- und Trostbedürfnisse des Menschen die Religion am Leben.

Nie wird sich etwa daran ändern, dass das Leben schwer zu ertragen ist wegen der Übermacht der Natur, der Verbote der Kultur, der Bosheit der Anderen und der kreatürlichen Hinfälligkeit. Endlichkeit muss man lernen. Die moderne Gesellschaft kann hier dem Einzelnen fast nichts bieten. Seine fundamentale Trostbedürftigkeit resultiert aus zwei schlichten Einsichten: ich bin sterblich und ich bin nur einer unter vielen. Die Cartesische Subjektivität, Kants Kategorischer Imperativ und Heideggers Man machen deutlich, was die funktional ausdifferenzierte Gesellschaft der Moderne für den einzelnen Menschen bedeutet: Ich und die anderen sind nur jedermann. Erst versucht man die Menschen zu befriedigen; wenn das nicht geht: zu therapieren; und wenn das nicht geht: zu trösten. Wenn man etwa medizinisch nicht weiter weiß, hilft nur beten. Der religiöse Trost behebt dann natürlich nicht das Leiden, sondern das Leiden am Leiden.

Was der Theologe Schleiermacher als schlechthinige Abhängigkeit bezeichnet hat, nennen Philosophen Kontingenz. Irreligiöse Denker der Moderne versuchen zwar, Kontingenz als Stimulans oder als Möglichkeit des Anderssseinkönnens zu positivieren, aber sehr viel lebensnäher bleibt doch die Erfahrung der Kontingenz als Fluch oder Trauma. Leben unter Bedingungen der Modernität ist verlassen von der Evidenz, ausgesetzt in die Kontingenz. Und daran hat der Philosoph Odo Marquard eine der einfachsten und schönsten Bestimmungen des Gottesglaubens geknüpft: *Gott ist – für den Religiösen – der, der noch da ist, wenn niemand mehr da ist.*

Die Komplexität der modernen Welt erzwingt kontingente und deshalb riskante Selektionen. Dahinter steht die Frage „Was ist wichtig?" und die Gewissheit „Morgen ist es anders!" In der Lebenswelt wird die Kontingenz als Sinnproblem erlebt. Nun setzt ja jede Theologie immer schon voraus, dass die Welt einen Sinn hat – nichts anderes meint man mit dem Wort Heilsbesitz. Oder anders gesagt: Religion verwaltet von alters her den „eigentlich anderen Sinn" des Lebens gegen den schlichten Funktionssinn der Gesellschaft. Sie stiftet genau dort Sinn, wo das soziale Leben von Zufall zu Zufall stürzt. Insofern ist die Religion ganz streng auf jenen Sachverhalt bezogen, den man Kontingenz nennt: dass nämlich alles, was ist, zufällig ist, wie es ist, und eben auch anders möglich wäre. Und Religion vollzieht nun die rituelle Konstruktion von Sinn im Überraschungsfeld der Welt. Sie kümmert sich um die Kontingenz, die man nicht in Sinn verwandeln kann – man denke nur an den Tod und schwere Krankheit, an die irrationalen Schicksalsschläge des Lebens.

Auf diese einzige Notwendigkeit der modernen Welt, nämlich Kontingenz, kann man sich nicht einstellen. Kontingenz heißt nämlich: immer kommt etwas dazwischen. Es gibt das unverfügbar Vorgegebene, das man nur übernehmen kann – zwischen Datum und Fatum. Und man kann Religion als die Praxis begreifen, die die Kontingenz bewältigt. Dabei geht es nicht nur um das äußere Unverfügbare, also das Anderssseinkönnen der Welt, sondern auch um das innere Unverfügbare, das unbewusste Begehren. Hermann Lübbe hat dieses Konzept: Religion als Praxis der Kontingenzbewältigung und vernünftiger Umgang mit dem Unverfügbaren, systematisch entfaltet. *Nichts als Religion bleibt, sich zum Unverfügbaren in Beziehung zu setzen.* Und nur Religion ermöglicht *ein vernünftiges Verhältnis zur unverfügbaren Kontingenz.*

Diese Konzeption führt zu der jeden Irreligiösen verblüffenden Konsequenz, dass in einer Welt, die außer Kontrolle ist, gerade Frömmigkeit Handlungsfähigkeit garantiert. *Religion macht hyperrealistisch*, d.h. sie ermöglicht ein realistisches Verhältnis zu dem, was sich nicht ändern lässt, obwohl es auch anders möglich gewesen wäre, und macht Mut, der zu sein, der man zufällig ist. Der Fanatiker dagegen mobilisiert den Sinn gegen die Wirklichkeit. Und komplementär dazu setzt der Zyniker die Wirklichkeit gegen den Sinn ins Recht.

Was sich nun schlechterdings nicht ändern lässt, ist, dass wir sterben müssen. Nun haben offenbar sehr viele gelernt, ohne Gott zu leben. Aber kann man ohne Gott sterben? Diese Frage scheint unsere Gegenwart zu verfehlen. Denn das allgemein verbreitete ökonomische Denken, das ja prinzipiell jede Zukunft diskontiert, interpretiert den

Tod als Auflösung des Lebenskontos mit dem Saldo Null. Wie das Geld soll auch der Tod keine Spuren hinterlassen. Viele empfinden offenbar das eigene Fortleben in einer rituell verpflichtenden Erinnerung schon als Zumutung für die Nachkommen. So konnte man bereits vor zwanzig Jahren in der Zeitung lesen: *Immer mehr Bürger wollen im Tod anonym bleiben.* Man will den eigenen Kindern die Kosten und Mühen ersparen, die ihnen das Gedenken an die verstorbenen Eltern auflastet – so, wie man sie sich selbst wohl gerne erspart hätte.

Wir müssen uns fragen: Wie konnte es dazu kommen? Und: Was kann nun noch kommen? Der Soziologe Ferdinand Tönnies hat schon vor hundert Jahren gezeigt, dass der Totenkult nicht nur der Inbegriff der Sitte, sondern auch die Wurzel der Religion ist. In der Konstellation von Familie, Religion und Totenkult liegt die Bedingung für die Bildung einer Geschlechterkette, die dem Begriff des Volkes die Eigenart verleiht, auch die Toten mitzumeinen. Im eigentlichen Totenkult sind das Grabmal, der Ort und das Ritual des Gedenkens untrennbar miteinander verknüpft. Man könnte sagen, das Gedenken fordert ein Merkzeichen, das einen sakralen Raum markiert.

So verschafft die Erinnerung an den Toten einen fundamentalen Identitätsgewinn: Die Einheit des Ortes bewährt die Einheit der Familie. Das Grab ist deshalb sowohl eine Art Altar als auch die Ursprungsstätte des Symbols. So heißt es bei Johann Jakob Bachofen sehr klar: *An den Stein, der die Grabstätte bezeichnet, knüpft sich der älteste Kult, an das Grabgebäude der älteste Tempelbau, an den Grabschmuck der Ursprung der Kunst und der Ornamentik. An dem Grabstein entstand der Begriff des Unbeweglichen, Unverrückbaren.*

In der Neuzeit geht die Funktion des Grabes dann weit über das Memento mori und die familiare Identitätsbestätigung im Gedenken hinaus; nun wird je eines Individuums gedacht. Die Bestattung soll den einmaligen Wert eines menschlichen Seins behaupten. Der Name auf dem Stein versiegelt einen Ort. Wesentlich für den eigentlichen Totenkult ist also die enge Verknüpfung von Name, Ort und Gedenken. Sobald sich aber das Gedenken vom Platz lossagt, verliert es die Kraft des Symbolischen, das eben an den Ort gebunden ist. Der Friedhof wird zum Park umarrangiert, der Tod wird zum Ornament stilisiert. Es liegt ganz in der Konsequenz dieser Entwicklung, dass die Embleme des Todeskultes heute im Design einer Homepage des Internets aufgehen. Diese Friedhöfe des 21. Jahrhunderts gewähren den Toten die Ewigkeit der Information am Un-Ort des Cyberspace.

Doch erinnern wir uns noch einmal an den traditionellen Friedhof und den konventionellen Totenkult. Die Trauer um die Toten nimmt dem Kult alles bloß Ästhetische und lässt, wie Ferdinand Tönnies sehr schön sagt, *das Bedürfnis des Putzes verstummen*. Das ist eine sehr wichtige Beobachtung. Der Friedhof ist also der Bezirk einer Symbolik, die sich der Ästhetik als einer Theorie des schönen Scheins widersetzt. Die Sinne sollen nicht angeregt werden, weil man zur Besinnung kommen will.

Das liegt natürlich ganz und gar nicht auf der Linie der modernen Zivilgesellschaft. Es war für die Aufklärung schon immer ein Ärgernis, dass das Christentum *das alte heitere Bild des Todes* aus der Kunst verdrängt hat; nichts war ihr unerträglicher als die Antiästhetik des Gerippes, des Sensenmanns. So gipfelt Lessings berühmte Abhandlung „Wie die Alten den Tod gebildet" in einem Lob des schönen Todes. Der schöne Engel des Todes soll *das scheußliche Gerippe* ersetzen; und Lessings Abhandlung endet mit dem Satz: *es ist ein Beweis für die wahre, für die richtig verstandene Religion, wenn sie uns überall auf das Schöne zurückbringt.*

Diese Aversion gegen das traurige Bild des Todes und die ästhetische Monotonie des Friedhofs ist spezifisch modern. Man muss das im größeren Zusammenhang sehen. Mit Beginn der Neuzeit verliert die christliche Todesdeutung durch einen transzendenten Todessinn an Kraft und der Tod wird immer mehr zum innerweltlichen Darstellungsproblem. Die Parkästhetik des Friedhofs macht den Tod zum Ornament. Von hier ist es nur ein Schritt bis zum postmodernen Management des Todes. Heute greift die Ästhetisierung des Todes auf das Sterben über, das weder Scham noch Irritation auslösen soll. Deutlicher gesagt: Es geht auf dieser letzten Stufe der Ästhetisierung des Todes um die Ausschaltung der Trauer. Wer aber die Trauerarbeit verweigert, versucht das Vergessen zu vergessen. Deshalb ist man auf den Friedhöfen der modernen Welt oft unsicher: Soll hier der Tote oder der Tod begraben werden?

Wenn man angemessen Abschied nehmen will von einem geliebten Menschen, kann man nicht mit den Bordmitteln der gewohnten Lebenswelt operieren. Nun haben Rituale in der aufgeklärten Welt der Moderne aber an Verbindlichkeit und verhaltenssteuernder Selbstverständlichkeit verloren. Der Philosoph Hermann Lübbe konstatiert: *Nachlassende soziale Kontrolle bedeutet eben auch nachlassende Kontrolle in Fragen des Geschmacks, und mit den Freiheiten, die wir durch Emanzipation aus institutionell gebundenen Riten gewinnen, breiten sich daher zwangsläufig auch Geschmacklosigkeiten aus.*

Wir können resümieren: Der Ritualschund provoziert die Geschmacklosigkeit. So trifft man bei Beisetzungen immer häufiger auf die Peinlichkeit eines „persönlichen Rituals". Da ist es nur konsequent, dass sich ein neues Berufsprofil herausbildet: der Ritualberater. Er versorgt seine Klienten mit maßgeschneiderten kultischen Vollzügen. Auch auf dem Friedhof ersetzt dann der Service die Zwischenmenschlichkeit. Das Gedenken wird zur Dienstleistung. Philippe Ariès hat das in Amerika beobachtet: *Beim „memorial service" finden sich die Freunde und Angehörigen des Verstorbenen an einem neutralen Ort zusammen, um seiner zu gedenken, seine Familie zu trösten, sich philosophischen Betrachtungen zu überlassen und gegebenenfalls einige Gebete zu sprechen.*

Die Ästhetisierung und der Ritualschwund auf den Friedhöfen sollten nun aber nicht zu der Annahme verleiten, unsere Gesellschaft käme ohne Kulte und Rituale aus; aber sie haben den Schauplatz gewechselt. Der Friedhof verliert seine Kult- und Gedenkfunktion in der Moderne zunehmend an die neuen Medien. Vor allem das Fotoalbum fungiert als Ersatzfriedhof. Um das zu verstehen, muss man sich etwas Grundsätzliches über das Wesen der technischen Bilder klarmachen. Das, was ein Foto eigentlich abbildet, ist nicht ein Sein, sondern ein „Dagewesensein" (Roland Barthes). Mit anderen Worten, das Foto ist keine Kopie der Wirklichkeit, sondern das Beweisstück eines Dagewesenseins: So ist es gewesen – die Gestalt auf dem Bild war real. Das Foto ist, in spröder Wissenschaftssprache formuliert, eine Emanation des Referenten. Genau so hat sich ja schon Epikur die Sichtbarkeit der Welt erklärt: Bildchen lösen sich von den Dingen ab!

Im Zeitalter der neuen Medien hat nur das Gewesensein die Qualität des Seins. Und genau das ist das Geheimnis des Erlebniskults. Denn am Erlebnis zählt nicht das Ereignis, sondern dass es wirklich (wirklich!) gewesen ist. Das kann man von den Touristen lernen. Sie sichern ihr Erlebnis mit der Instant-Romantik der Fotografie – einmal knipsen und schon fertig. Was immer das Foto dann zeigen mag – es beweist, dass das, was es zeigt, wirklich gewesen ist. André Bazin hat das so formuliert: Das Foto ist einbalsamierte Zeit. Mit anderen Worten, der Erinnerungskult ist der untilgbare auratische Restbestand der technischen Bilder. Weißt Du noch...

Konkrete Unsterblichkeit versprechen dann erstmals die Techniken bewegter Bilder. Der Filmstar ist unsterblich, solange das Fernsehen seine Geschichten sendet. Und im „historischen Film" verspricht die Technik den Helden der Vergangenheit eine Wiederauferstehung auf Zelluloid. So heißt es schon 1927 bei Abel Gance: *Alle Legenden, alle Mythologien und alle Mythen, alle Religionsstifter, ja alle Religionen warten auf ihre belichtete Auferstehung, und die Heroen drängen sich an den Pforten.* Mit der Videotechnik war dann endlich auch dem Kleinbürger der Weg zum Heldenruhm offen. Video ist die Demokratisierung der technischen Unsterblichkeit. Unaufhörlich wächst die Zahl derer, deren Leben in allen bedeutsamen Etappen von der Geburt bis zum Tod elektronisch gespeichert ist. Wer sich an einen Verstorbenen so erinnern will, wie er „wirklich" war, spielt dann einfach ein Video ein.

Es kommt also nicht von ungefähr, wenn heute virtuelle Friedhöfe im Cyberspace angelegt werden – in Amerika natürlich vor allem virtuelle Tierfriedhöfe, in denen man die geliebten Hundchen verewigen kann. „Verewigen" heißt dann konkret: die Eintragung besteht, solange sich die Web-Site im Internet hält. Die postmoderne Hommage ist eine Homepage. Die Dienstleistung „Gedenken" bietet heute beides: die Verewigung der Erinnerung im digitalen Speicher und die Unsterblichkeit im Recycling der technisch bewegten Bilder. Das sind technische Kommunikationsrituale.

Zwar besteht das Leben jedes Menschen darin, Weltzufälle in Elemente seiner Identität umzudeuten – doch bleiben eben gerade die gewichtigsten Zufälle für den einzelnen unausdeutbar. Und genau hier hakt nun die Religion ein. Sie kümmert sich um die Lebenszufälle, die man nicht in Sinn verwandeln kann. Und der Tod ist die härteste Zuspitzung der Lebenskontingenz, das Unverfügbare schlechthin. Nichts im Alltag bereitet uns darauf vor, mit diesem Ereignis umzugehen, fertig zu werden. Mit anderen Worten: Nur im Schutz von Kulten und Ritualen kann man dem Tod begegnen.

Leitbild Don Quixote

Am Anfang war die große Unvereinbarkeit von Griechentum und Christentum. Ihr verdanken die guten Europäer alles, was sie zukunftsfähig macht, vor allem auch eine unvergleichliche Eigenart der westlichen Kultur: die Fähigkeit zur Selbstkritik. Entweder entscheidet man sich zwischen Athen und Jerusalem und wird Christ wie Kierkegaard bzw. Antichrist wie Nietzsche. Oder man hält die große Unvereinbarkeit aus und kultiviert, wie Max Weber es forderte, eine gereifte Männlichkeit. Mit den Gutmenschen des heutigen Westens, die weder Altgriechisch können, noch Paulus kennen, hat das natürlich nichts zu tun; sie sind nicht selbstkritisch, sondern Kultgänger eines Bußrituals, das an die Stelle von historischer Erkenntnis getreten ist.

Dass sich die abendländische Kultur aus zwei Quellen speist, aus der griechisch-antiken und aus der jüdisch-christlichen, hat Nietzsche buchstäblich zum Wahnsinn getrieben. Er forderte das Entweder / Oder, die große Entscheidungsschlacht. Die Unvereinbarkeit zwang ihn zur Unzeitgemäßheit, d.h. zur Frage nach dem Sein im Horizont einer anderen Zeit. Kann man die Antike auf der Spitze der Modernität wiederholen? Kann es ein nicht nur humanistisch angelesenes sondern wirklich gelebtes Griechentum geben?

Jede unzeitgemäße Betrachtung setzt Askese, also eine sehr anspruchsvolle Form des Identitätsmanagements voraus. Deshalb hat Nietzsche von Bildung und Erziehung immer im verschärften Sinne gesprochen, nämlich als Selbstdisziplin und Züchtung. Askese heißt ja, dass sich das Geschöpf zum Schöpfer seiner selbst macht – griechisch und antichristlich geredet: zum Gott wird. Es geht, wohlgemerkt, um Erziehung als Züchtung, nicht um Phantasmen wie Selbstverwirklichung. Nietzsche war tatsächlich Dynamit, nämlich für die Idee der humanistischen Bildung.

Die Überzeugung, dass die Griechen sich darauf verstanden, zu leben, legitimierte die unzeitgemäße Betrachtung der Gegenwart. Der Gehorsam, mit dem alle Bildung beginnt, bestand für Nietzsche also darin, in einem umfassenden Sinne Griechisch zu lernen. Nur die so eingeübte Optik könnte einen Fluchtweg aus der Moderne in die Welt der antiken Vornehmheit sichtbar machen: Distanz, Distinktion, Stil. Das war das erkenntnistheoretisch Antimoderne an Nietzsche; er glaubte an den bevorzugten Standpunkt – das Auge Zarathustras.

Diese heldenhaft konsequente antimoderne Haltung hat unfreiwillige Parodien ins Leben gerufen, aber keine ernstzunehmende Nachfolge gefunden. Heute ist Friedrich Kittler der einzige, der die Wette auf die Möglichkeit des Griechischseins noch einmal gewagt hat. Kittler teilt Nietzsches Zorn darüber, dass Europa das Griechentum als christliche Antike rezipiert hat. So ist ein großes, einsames Buch entstanden, „Musik und Mathematik". Und man darf auf weitere Bücher hoffen – aber nicht auf ein gelebtes Griechentum. Wir wollten zeigen, dass man es anders machen muss.

Wir sind am Ende unserer Betrachtungen angekommen. Dass sie weder dem Selbstverständnis der Gläubigen noch dem Erkenntnisanspruch der Religionswissenschaften gerecht werden, hat die Bestimmung „religiös unmusikalisch" eingeräumt. Wir haben moderne Ersatzreligionen beschrieben und versucht, die Faszination der Fundamentalismen zu verstehen. Wir haben den Glauben in seinem Kampf mit dem Wissen betrachtet und die sowohl anthropologische als auch soziale Funktion der Religion noch völlig diesseits ihres Wahrheitsanspruchs herausgearbeitet. Dabei wird der Leser gelegentlich bemerkt haben, dass bloße Beschreibung eine Form der Verachtung sein kann. Diese Betrachtungen eines religiös Unmusikalischen sind nämlich nicht „desinteressiert"; in ihnen steckt ein Plädoyer. Und auf ihren letzten Seiten soll es noch deutlicher profiliert werden.

Wir konstruieren die christliche Religion als Ellipse. Ihre beiden Brennpunkte sind die europäische Identität und die Glaubensrüstung des Ich. Denn obwohl unser Thema ja die neue Weltreligiosität ist, folgt unsere Darstellung – und wie wir gleich sehen werden: unvermeidlicherweise – einem Vorurteil für das Christentum.

In seinem Roman „Die Schattenlinie" sagt Joseph Conrad über einen Erzähler, er habe den Sinn einer Geschichte nicht in ihrem narrativen Kern gesucht, sondern in der Ausstrahlungskraft, die sie durch das Wieder- und Weitererzählen im Laufe der Zeit gewinne. Wenn wir das auf die Geschichte und die Geschichten des Christentums übertragen, relativieren wir damit nicht die Bedeutsamkeit seines narrativen und dogmatischen Kernbestandes. Im Alltag kann keine Philosophie mit den guten Geschichten konkurrieren, die in der Bibel stehen. Aber das, was unser Vorurteil für das Christentum begründet, liegt nicht im Buch der Bücher allein beschlossen. Es geht vielmehr um die 2000 Jahre seiner Auslegung und seiner Häresien.

Die Wissenschaften haben ihr Buch der Natur Aug' in Aug' mit dem Buch der Bücher erforscht. Die Politik hat ihre Autonomie Aug' in Aug' mit dem Wahrheits- und Machtanspruch der Kirche erkämpft, so dass der Jurist Carl Schmitt sagen konnte: *Alle prägnanten Begriffe der modernen Staatslehre sind säkularisierte theologische Begriffe.* Die Kunst stand bis zur Schwelle der technischen Medienrevolutionen im 19. Jahrhundert im *Dienst eines Rituals*, so dass der Ästhetiker Walter Benjamin sagen konnte: *Der einzigartige Wert des ‚echten' Kunstwerks ist immer theologisch fundiert.*

Fast 2000 Jahre lang haben fast alle intelligenten und gebildeten Menschen unserer europäischen Kultur die Frage nach dem christlichen Gott durchdacht und durchlitten; ob apologetisch, ob kritisch – gleichviel. Jeder ernst zu nehmende Gedanke ist Metaphysik, und jede Metaphysik ist säkularisierte Theologie. Sich aus diesem Traditionszusammenhang herausreflektieren zu wollen, ist geistiger Selbstmord.

Das ist der erste Brennpunkt unserer Ellipse: europäische Identität. Den zweiten Brennpunkt haben wir Glaubensrüstung des Ich genannt. Gemeint ist die unerschütterliche Sicherheit einer Lebensführung, die durch und durch von einem Glauben an Gott geprägt ist. Das unüberbietbare Muster hat uns Max Weber im Puritaner gezeigt. Seine Religion ist die Reaktionsbildung auf die *irrationale Welt des unverdienten Leidens, des ungestraften Unrechts und der unverbesserlichen Dummheit.* Gerade die ökonomische Rationalität stößt den Menschen auf die ethische Irrationalität der Welt. Wer aber einen Beruf im Sinne innerweltlicher Askese hat, ist *von glücklicher Borniertheit für jede Frage nach einem ‚Sinn' der Welt geschlagen.* Die Welt ist zwar irrational, aber sein Handeln in ihr rational.

Das ist die große religiöse Antithese zur Weltflucht. Der Puritaner ist eine Figur der Weltzugewandtheit, die aber nicht weltbejahend ist wie der antike Grieche und der Ja-und-Amen sagende Nietzsche, sondern weltablehnend. Ich wende mich der Welt zu – und lehne sie ab. Das macht die einzigartige Bedeutung des Berufs aus; er ist das Medium der Bewährung vor Gott als Bewährung vor sich selbst. Der Puritaner schließt sich gegen die Welt ab, um sie zu rationalisieren. So macht der Glaube in höchstem Maße realitätstüchtig.

Aber es gibt noch eine zweite Figur des glaubensgerüsteten Ich, die sehr viel aktueller ist: Don Quixote. Gott verlässt die Welt, und da wird der Glaube zum Wahnsinn; ein Wahnsinn aber, der sich als ästhetische Strategie eines Dichters der eigenen Handlungen erweist und den Glaubensritter immun macht gegen die Täuschungen der Welt. Don Quixote führt sein Leben durch einen Glauben, den er als Fiktion durchschaut und an den er als Fiktion glaubt. Sein Heldentum erscheint grotesk und sein Glaube wahnsinnig, weil er sich nicht damit abfindet, *dass ewige Inhalte und ewige Haltungen ihren Sinn verlieren, wenn ihre Zeit vorbei ist; dass die Zeit über ein Ewiges hinweggehen kann.* Doch was könnte daran aktuell sein?

Der fahrende Ritter weiß, dass er eine ganz bestimmte Rolle zu spielen hat, und er käme nie auf den Gedanken, sich einer Verpflichtung zu entziehen, die in der Sphäre seiner Aufgaben auftaucht. Sein Leben ist die Lust, den Anforderungen seiner Pflicht zu gehorchen. Mit dem Mut des Emeritus hat der große Organisationssoziologe James G. March diese Figur des Don Quixote zum Emblem eines modernen Identitätsmanagements erhoben. Nur mit der Kraft seiner Narrheit gelingt die Flucht aus dem Utilitarismus. Es geht March um die Wiedergewinnung einer Tradition, die den Menschen nicht die Selbsterhaltung sondern das richtige Leben lehrt.

Das richtige Leben orientiert sich nicht am Geschäftserfolg sondern an einem *sense of self,* d.h. an den Verpflichtungen sozialer und persönlicher Identität. Don Quixote stellt die Imperative des Selbst über die Imperative der Umwelt; die Gesundheit seiner Identität ist ihm wichtiger als Realitätsgerechtigkeit. Und sein Selbstwertgefühl wiegt schwerer als sein Eigeninteresse. Noch heute lachen die utilitaristischen Dummköpfe über seinen Kampf gegen die Windmühlen. Aber keiner dieser Letzten Menschen dürfte wie Don Quixote von sich sagen „Yo sé quien soy", ich weiß, wer ich bin.

Jeder moderne Mensch, der heute sein Leben am christlichen Glauben orientiert, ist ein Don Quixote. Die Ritterrüstung des Christentums panzert ihn gegen die Kontingenzen des Alltags, die gottfremde Macht der Wissenschaft und die eigene kreatürliche Hinfälligkeit. Als religiös unmusikalischer Betrachter kann man das nur bewundern; wer einen Gott hat, ist beneidenswert.

Nun kann man sich nicht vornehmen zu glauben. Aber es gibt einen Glauben (und eine Erziehung zu diesem Glauben), der auch den trägt, der nicht hoffen kann, ein Christ zu sein. Das ist der Glaube an den einzigartigen Wert der von Griechentum und Christentum geprägten europäischen Kultur. Nun haben moderne Menschen typisch Angst davor, zu bekennen, was sie glauben. Und das gilt gerade auch für den Glauben an die Einmaligkeit der europäischen Kultur. Wir haben uns von dem Gymnasialhumanismus des 19. Jahrhunderts distanziert, wir haben uns selbst unter Eurozentrismusverdacht gestellt und wir haben uns Walter Benjamins Wort zueigen gemacht, jedes Dokument der Kultur sei zugleich eines der Barbarei.

Antiautoritäre Diskurse und Diskursanalysen, der Bruch des Bildungsprivilegs und der Verlust der selbstverständlichen Orientierung an der abendländischen Tradition haben es zur Selbstverständlichkeit werden lassen, dass es keinen verbindlichen Kanon der Bildung mehr gibt. Die Zeichen der Zeit standen in den letzten Jahrzehnten auf Dekonstruktion und Archivarbeit an den grauen Dokumenten. Politisch hieß das: Kulturvergleich statt Eurozentrismus, Europa als Zweckverband statt europäische Identität. Der Europäischen Union ist die christliche Tradition Europas peinlich.

Aber heute ist der Zeitpunkt gekommen, die Gegenrechnung aufzumachen – ohne Angst vor der konservativen Gesellschaft, in die man dadurch gerät. Vor über einem halben Jahrhundert schrieb Ernst Robert Curtius *gegen die Selbstpreisgabe der deutschen Bildung, gegen den Kulturhaß* und *aus Sorge für die Bewahrung der westlichen Kultur*. So darf man heute, will man Gehör finden, natürlich nicht mehr formulieren. Aber genau darum geht es. Die christlich geprägte europäische Kultur ist eine einmalige evolutionäre Errungenschaft, die man natürlich mit anderen Kulturen vergleichen kann und soll, die aber gerade darin sich immer wieder als unvergleichlich erweist. Das zu leugnen, bleibt den Ignoranten des Gutmenschentums vorbehalten.

Man muss vor der europäischen Kultur nicht die Knie beugen, aber man sollte ihre großen alten Bücher lesen, die uns die religiöse Erziehung und Tradition ersetzen. In diesem Sinne plädieren wir hier für eine ernste Arbeit an der objektiven Religion, d.h. dem Kultur gewordenen Christentum, als dem einzig gangbaren Weg zu einer europäischen Identität. Dieser Weg steht gerade auch dem religiös Unmusikalischen offen. Er sollte ihn unbeirrt von dem gehen, was er im Innern der modernen Gesellschaft beobachtet, nämlich das ästhetische Spiel mit der Religion und das Ressentiment der Sozialreligion. Unbeirrt aber auch von dem, was sich außerhalb der modernen Gesellschaft anbahnt – das anarchische Bündnis der Ausgestoßenen: Gott und Seele.

Joachim Ritter hat im Anschluß an Hegel die Moderne als *die Entzweiungsform der Gesellschaft* beschrieben: Sicherheit steht gegen das Heil, Selbstbehauptung gegen Selbsttranszendenz, das Cogito Descartes' gegen den Gehorsam Fénelons, die wissenschaftliche Methode gegen Pascals Logik des Herzens, der Gelehrte gegen das Genie,

Newtons Natur gegen Goethes Natur, Rationalismus gegen Pietismus. So war glauben oder philosophieren noch für Schopenhauer eine bündige Disjunktion: entweder *sich von aller Auktorität emancipiren* oder auf *das Fundament der Auktorität* vertrauen – hier müsse man wählen. Es schien kein Mittleres zwischen Rationalismus und Offenbarungsglauben, zwischen Atheismus und Katholizität zu geben. Doch der Bürgerkrieg zwischen Glaube und Vernunft ist beendet. Und statt beim Stichwort Monotheismus immer nur das Blut der Intoleranz über die Seiten des Feuilletons fließen zu lassen, wäre es heute umgekehrt die Sache des ernsthaften Nachdenkens, wie *die Modernisierung durch Religion zu zivilisieren* ist, ohne sich dabei mit der leichenblassen Antwort „Zivilreligion" zu begnügen.

Zivilisieren heißt gerade nicht simplifizieren. Bei Fragen, auf die es keine Antwort gibt, kommt alles darauf an, wie man sie stellt. Wie geht man mit unlösbaren Problemen um? Wir haben ja gerade gesehen, dass nur Religion weiß, mit Kontingenz umzugehen. Und zwar bewältigt sie die Kontingenz durch Steigerung der Kontingenzerfahrung d.h. sie enttrivialisiert unsere Lebenserfahrung. Nicht die Religion ist die größte Illusion, sondern der Glaube, man könne die zu großen Fragen mit den Bordmitteln der Vernunft beantworten.

Es gehört zu den großen Modernitätslegenden, der abendländische Geist habe sich vom Mythos zum Logos, von der Doxa zur Episteme emanzipiert. Doch gibt es nicht nur ein neues Interesse an der Doxa, sondern auch die Sehnsucht nach Orthodoxa. Michael Polanyi hat den Kontinent des persönliches Wissen (tacit knowledge) entdeckt; und heute wächst unter neuesten Medienbedingungen eine Doxa des Wissens der Vielen (Doxa heißt jetzt Wiki). Friedrich Kittler rettet in einsamer Arbeit, aber der Pflugschar Nietzsches und Heideggers folgend, für uns das gymnasialhumanistisch verdrängte Wissen der Griechen; und Jochen Hörisch hat unlängst erste Studien über das unvergleichliche Wissen der Literatur vorgelegt. All diesen Wissensformen ist es gemeinsam, dass sie dem Zugriff der Episteme entgleiten.

Als Jacques Lacan, der scharfsinnigste und gebildetste unter den Nachfolgern Freuds, das Niveau der Psychoanalyse bestimmte, sprach er von den Orthodoxa, die der Konstitution des wissenschaftsförmigen Wissens vorausgehen. Das ist die Welt der wahren Meinungen, in die wir eingehüllt sind und die uns in unserem Sein konstituieren – *während sich da keinerlei Wahrheit in Form eines generalisierbaren und immer wahren Wissens auffinden läßt*. Es ist die Welt der gründenden Worte und des richtigen Wortes zur rechten Zeit. Genau auf diesem Niveau ist auch das Wissen der Religion angesiedelt. Doch während das Wissen der Psychoanalyse immer subjektiv bleiben muss und damit nur Seltenen selten wird, hat sich die christliche Religion 2000 Jahre lang objektiviert. Und es ist der Stolz des guten Europäers, an der objektiven Religion zu arbeiten. Wer diese Herkunft hat, braucht keinen Ruhm.

Anmerkungen

S. 7: *Ich darf nicht sagen, dass ich...*: Thomas Mann, Betrachtungen eines Unpolitischen, S. 549
Ich kann nicht niederknien...: Ludwig Wittgenstein, Vermischte Bemerkungen, S. 107
Hier wäre ein Gebet nötig...: Ernst Jünger, Siebzig verweht II, S. 101

S. 9: *das anarchische Bündnis von...*: Robert Spaemann, Der Ursprung der Soziologie aus dem Geist der Reformation, S. 185. – Paulus hat diese Seele erfunden, die Luther dann zum religiös autonomen Individuum ausgeformt hat -Talcott Parsons, The Talcott Parsons Reader, S. 42, hat das *the religious enfranchisement of the individual* genannt –, und die die Soziologen heute Person nennen. Zur Frage von Niklas Luhmann vgl. Klaus-M. Kodalle, Die Eroberung des Nutzlosen, S. 52f
Sozialisierung metaphysischer...: Theodor W. Adorno, Negative Dialektik, S. 386

S. 10: *Nur noch ein Gott kann uns...*: Martin Heidegger, in: Der Spiegel 15.1.1997. – Das wäre dann ein Gott gegen einen Gott, denn die Technik des 20. Jahrhunderts ist selbst zum Kultzentrum eines religiösen Glaubens geworden. So spricht Carl Schmitt, Der Begriff des Politischen, S. 84, ausdrücklich von einer *Religion des technischen Fortschritts*.
die absolute Grenze...: Hans Blumenberg, Die Genesis der kopernikanischen Welt, S. 793

S. 11: *Zugang zur Wahrheit...*: Wer hier die Strukturanalogie zu dem berühmten Satz der „Politischen Theologie" Carl Schmitts sieht, souverän sei nur der, der über den Ausnahmezustand entscheide, versteht dann auch die Formel Max Webers: *Offenbarung und Schwert, die beiden außeralltäglichen Mächte* – Max Weber, Gesammelte Aufsätze zur Religionssoziologie, Bd.I, S. 270

S. 12: *Haltung des Das-bin-ich-nicht...*: Gotthard Günther, Beiträge zur Grundlegung einer operationsfähigen Dialektik, Bd. II, S. 323
Verkündigung für Jedermann...: Max Weber, Wirtschaft und Gesellschaft, S. 380
Nicht-Darwin-Welt...: Hans Blumenberg, Beschreibung des Menschen, S. 552
Ausnahme der Natur...: Hans Blumenberg, Die Genesis der kopernikanischen Welt, S. 791

S. 13: *Wir guten Europäer...*: Nietzsche, Sämtliche Werke, Bd. 5, S.13; vgl. zum folgenden: Max Weber, Gesammelte Aufsätze zur Religionssoziologie, Bd. I, S. 1

S. 14: *Man streitet nicht...*: Niklas Luhmann, Die Religion der Gesellschaft, S. 271
entproblematisierten Europäer...: Rüdiger Altmann / Johannes Gross, Die neue Gesellschaft, S.21
unbewusst erfolgende Auswahl...: Max Weber, Gesammelte Aufsätze zur Wissenschaftslehre, S. 181

S. 15: „*soweit ich sehe...*: Heute weithin unstrittig. Vgl. etwa Hans-Georg Gadamer (Vorurteile als Bedingung des Verstehens), Herbert Simon (bounded rationality), Mary Douglas (culture is bias); Stanley Fisch (beliefs have you)
Man liest die Texte...: So Ian Buruma / Avishai Margalit, Occidentalism, S. 133: *there is nothing as infuriating as outsiders invading your intimate texts and telling you what they are supposed to mean to you.*
Der Begriff des „religiös...   : Vgl. Max Weber: *Ich bin zwar religiös absolut unmusikalisch und habe weder Bedürfnis noch Fähigkeit, irgendwelche seelischen Bauwerke religiösen Charakters in mir zu errichten. Aber ich bin nach genauer Selbstprüfung weder antireligiös noch irreligiös.-* in: Marianne Weber, Max Weber. Ein Lebensbild, S. 339
Nun sag, wie hast du's...: Goethe, Faust, Verse 3415ff

S. 17: *das religiöse Erleben...*: Martin Heidegger, Holzwege. S. 70.- Es ist hier entscheidend wichtig, Säkularisierung von Profanisierung und diese vom Sakrileg zu unterscheiden. Profanisierung verletzt das Sakrale, Säkularisierung ersetzt es. Und das Sakrileg ersetzt, indem es verletzt. So beobachten wir in der Popkultur, wie das Sakrament durch das Sakrileg ersetzt wird.

S. 18: *Verrat am Kreuz...*: Thomas Mann, Betrachtungen eines Unpolitischen, S. 550. – Gegen die gleichgültigen fetten Menschen des *Köhlerglaubens* an Demokratie und Menschheit setzte Thomas Mann – genau wie Max Weber und genau gleichzeitig mit ihm – die Forderung, *in einer götterlosen Welt gefasst und würdig zu leben.*
Einen Unterschied kann...: Niklas Luhmann, Die Religion der Gesellschaft, S. 92

S. 19: *Religion scheint das...*: Robert Spaemann, Das unsterbliche Gerücht, S. 115. – Vgl. zu dieser Antithese als locus classicus Platon, Gorgias 512d
Nihilismus der Rechten...: Robert Spaemann, Der Ursprung der Soziologie aus dem Geist der Restauration, S. 10 . – Es geht also um die Antithese Selbstbehauptung vs. Selbsttranszendenz, bzw. System vs. Sinn. Wir wollen hier nicht die Parole „Spaemann statt Luhmann" ausgeben, aber man kann die Faszinationkraft der Systemtheorie nur brechen, wenn man sie aus der Perspektive der Theologie liest. Spaemanns Dissertation über den Ursprung der So-

ziologie aus dem Geist der Restauration hat sehr schön gezeigt, dass schon Bonald die Gottesidee gesellschaftlich funktionalisiert – damit (!) und schon damals löst die Soziologie die Metaphysik ab. Bonald hätte keine Schwierigkeiten mit Niklas Luhmann gehabt. Auch in anderen Theoriezusammenhängen kann man leicht erkennen, dass Luhmann mit der Theologie spielt: Soziale Differenzierung ist diabolisch. Chaos ist der „unmarked state" der Schöpfung. Gott ist tot heißt: es gibt keinen letzten Beobachter. Jeder Blick auf die Welt hat einen blinden Fleck. Und sogar die Antithese Fortschritt vs. Katechontik findet sich bei Luhmann: Evolutionsbewusste Politik entspricht nämlich der Katechontik als Aufschub der Zerstörung des Systems, als *Hinausschieben der Destruktion* – Niklas Luhmann, Soziologische Aufklärung Bd.4, S. 109

Tyrannei der Werte...: Carl Schmitt, „Die Tyrannei der Werte", S.51ff

S. 21: *Starke Integration ist immer...*: Niklas Luhmann, Die Religion der Gesellschaft, S. 304

S. 23: *Universalistische Religionen...*: Robert Spaemann, Das unsterbliche Gerücht, S. 150

Wertkollision...: Max Weber, Gesammelte Aufsätze zur Wissenschaftslehre, S. 508. – Bei Talcott Parsons, Politics and Social Structure, S. 26, heißt es entsprechend: *To the fundamentalist, the demand for greater generality in evaluative standards appears to be a demand to abandon the ‚real' commitments.*

S. 26: Denn im Fanatismus...: Über Fanatismus als Tabubegriff der Aufklärer vgl. Robert Spaemann, Reflexion und Spontaneität, S. 174: *‚Fanatismus' ist uns geläufig als einer der polemischen Begriffe der Aufklärung. Für diese heißt Fanatiker der Mensch, der sich den allgemeinen, für alle geltenden Wahrheiten und Regeln der Vernunft entzieht durch die Berufung auf eine besondere, private Quelle absoluter Einsicht, auf eine Offenbarung oder eine andere Art von Idiosynkrasie. Der Fanatiker ist der ‚Sektierer': seine intolerante, unbelehrbare Verbohrtheit ist die notwendige Folge der Tatsache, dass er sich aus der Gemeinschaft, die auf die allgemeine Teilhabe der Vernunft gegründet ist, ausschließt.*

S. 27: *Der freiheitliche, sakularisierte...*: Ernst-Wolfgang Böckenförde, „Die Entstehung des Staates als Vorgang der Säkularisation", S.71

westlichen Begriffsmonopol ...: Dan Diner, Der Krieg der Erinnerungen, S. 89; ähnlich auch Alain Finkielkraut: *Der Verfassungspatriotismus wird zur Exportstrategie*, in: Süddeutsche Zeitung 14.2.2001

verbannen, nicht deshalb...: Jean-Jacques Rousseau, Sozialphilosophische und Politische Schriften, S. 389. – Seither ist die Sünde wider den Teamgeist diejenige, für die es in der modernen Gesellschaft keine Vergebung gibt.

S. 28: *Selektion des weltlich...*: Hans Blumenberg, Die Legitimität der Neuzeit, S. 106
wo noch gute Sitten...: Johann Gottlieb Fichte, Werke Bd. VII, S. 230

S. 31: *Zeit, in welcher das Jenseits...*: Max Weber, Gesammelte Aufsätze zur Religionssoziologie, Bd. I, S. 163
damals, als die Sorge...: Max Weber, Soziologie, Universalgeschichtliche Analysen, Politik, S. 395

S. 32: *stahlharten Gehäuse...*: Max Weber, Gesammelte Aufsätze zur Religionssoziologie, Bd. I, S. 203
essentiell religiösen Struktur...: Walter Benjamin, Gesammelte Schriften, Bd. VI, S. 100

S. 33: *Die Inthronisierung der Ware...*: Walter Benjamin, Gesammelte Schriften, Bd. V, S. 51
sinnlich-übersinnliches Ding...: Karl Marx, Das Kapital, S. 50
Tempel des Warenkapitals...: Walter Benjamin, Gesammelte Schriften, Bd. V, S. 86
die Warenhäuser sind die...: Walter Benjamin, Gesammelte Schriften, Bd. V, S. 109
gesellschaftliche Hieroglyphe...: Karl Marx, Das Kapital, S. 53

S. 34: *in der Ikone ist der Gegensatz...*: Gotthard Günther, Beiträge zur Grundlegung einer operationsfähigen Dialektik, Bd. II, S. 200
Do-it-yourself der Selbsterlösung...: In die Kirche gehen als *spiritual entertainment* – diese Beobachtung findet sich schon bei Kenneth E. Boulding, Beyond Economics, S. 205
unmittelbare Vereinigung des Göttlichen: Friedrich Schleiermacher, Die Weihnachtsfeier, S. 67

S. 35: *spielerisch mit Heiligenbildchen...*: Max Weber, Wissenschaft als Beruf, S. 35
der religiöse Instinkt...: Friedrich Nietzsche, Sämtliche Werke Bd. 5, S. 73

S. 36: *die Abschirmung des kleinsten...*: Hans Blumenberg, Die Vollzähligkeit der Sterne, S. 268
Und die ganze Welt wird...: Um sich vor dem Einbruch der Realität in den Traum vom Paradies zu schützen – Tsunami! -, kann man die Sehnsucht auch aufs Format der Telenovela zurechtstutzen, die das Märchen der große Gefühle, die Romanze des Escape erzählt. All diese Paradiesgestalten schützen uns vor dem Erwachsenwerden, dem eigentlichen Sündenfall.

S. 37: *Der Fehlschlag der Prophetie...*: Jacob Taubes, Vom Kult zur Kultur, S. 181

S. 38: *einheitliche sinnhafte Stellungnahme...*: Max Weber, Gesammelte Aufsätze zur Religionssoziologie Bd. I, S. 262

S. 39: *Je mehr man sich von den Dogmen...*: Friedrich Nietzsche, Sämtliche Werke Bd. 3, S. 123

ANMERKUNGEN 147

S. 41: *Weltmeister im Bösen...*: Hans Magnus Enzensberger, Zu große Fragen, S. 170. – Friedrich Kittler hat die „reeducation" nach dem Zweiten Weltkrieg als den genialen Einfall der Amerikaner interpretiert, die Deutschen nicht zu bestrafen, sondern zu psychiatrisieren. Seither würde hierzulande statt über Weltpolitik nur noch über Gefühle, Schuld und Gewissen debattiert. Die Weltmeister im Guten wären demnach einfach die geheilten Weltmeister im Bösen. (Ich danke Raimar Zons für diesen Hinweis.)
Mandatar eines Wollens...: Hans Jonas, Technik, Medizin und Ethik, S. 85
Unsere so völlig enttabuisierte...: Hans Jonas, Technik, Medizin und Ethik, S. 218

S. 42: *Ethik der Furcht...*: Hans Jonas, Technik, Medizin und Ethik, S. 299

S. 45: *Die Natur ersetzt Gott...*: *Nature as grand comptroller is the next best thing to God*, heißt es bei Mary Douglas / Aaron Wildavsky, Risk and Culture, S. 123

S. 46: *Wunder der Ausnahme...*: Hans Blumenberg, Die Genesis der kopernikanischen Welt, S. 793. – Würde Blumenberg auch diese Position noch funktionalistisch beschreiben, müsste die Diagnose eigentlich lauten: Naturidolatrie kompensiert den Gnadenverlust.
Der Mensch besorgt die Sache...: Hans Blumenberg, Ein mögliches Selbstverständnis, S. 189

S. 47: *„Egophanie"...*: Vgl. Eric Voegelin, Order and History, Bd. IV, S. 260ff

S. 48: *Das menschliche Leben wird...*: Mircea Eliade, Die Sehnsucht nach dem Ursprung, S. 12
In Deutschland glauben...: Wolfgang Huber, „Ich war selbst Schichtarbeiter", S. 9
im Unsichtbaren einen höheren...: Rainer Maria Rilke, Über Dichtung und Kunst, S. 270

S. 49: *Reinheit ist der Feind...*: Mary Douglas, Purity and Danger, S. 191: *Purity is the enemy of change, of ambiguity and compromise.*
Der Kult, den das...: Emile Durkheim, Die elementaren Formen des religiösen Lebens, S. 249
Prothesengott ...: Sigmund Freud, Gesammelte Werke Bd. XIV, S. 451
seelischen Apparat...: Sigmund Freud, Gesammelte Werke Bd. II/III, S. 541
Entfaltung des inneren Kerns...: Gerhard Schulze, Die Erlebnisgesellschaft, S. 314

S. 50 *Die Entscheidungen der...*: Ulrich Beck, Risikogesellschaft, S. 217
Kraft der Selbsterlösung...: Friedrich Nietzsche, Sämtliche Werke Bd. 3, S. 539
Götzendienst des Ich...: Fénelon, Oeuvres complètes Bd. I, S. 223: *idolâtrie du moi*

Unzucht mit sich selbst...: G.W.F. Hegel, Werke Bd. 2, S. 387.- In einer Rezension der Werke Friedrich Heinrich Jacobis aus dem Jahre 1817, Werke Bd. 4, S. 436, findet Hegel dann auch die Formel, die jede Gestalt des inneren Götzendienst auf den kritischen Begriff bringt: *Verwerfung der Vermittlung.* Man könnte auch einfacher sagen: Denkfaulheit.

S. 51: *Die Seele ist die Aufgabe....*: Nicolás Gómez Dávila, Scholien, S. 159. – Das meint wohl auch Konrad Burdach, Reformation, Renaissance, Humanismus, S. 159, mit der *Seelenpflicht des Christen.*
Der ganz Andere ist...: Joseph Ratzinger Benedikt XVI., Jesus von Nazareth, S. 51
Auszug aus sich selber...: Joseph Ratzinger Benedikt XVI., Jesus von Nazareth, S. 130

S. 53: *'Was ist Liebe...*: Friedrich Nietzsche, Sämtliche Werke Bd. 4, S. 19
Alle sehr gleich, sehr klein...: Friedrich Nietzsche, Sämtliche Werke Bd. 9, S.73

S. 54: *Was verschwindet, ist der...*: Alexandre Kojève, zit. Nach: Traugott König, „Die Abenteuer der Dialektik in Frankreich", S. 286f

S. 55: *Raffinement des Aufregungs- und...*: Friedrich Nietzsche, Sämtliche Werke Bd. 12, S.118. – Dieses Betäubungsbedürfnis befriedigt dann gerade auch das Wohlfühlchristentum. Jeder kennt Marxens Formel von der Religion als Opium des Volkes. Aber auch Nietzsche, Sämtliche Werbe Bd. 12, S. 138, hat von einem *opiatischen Christenthum* gesprochen. Gemeint ist: Nicht Religion selbst ist Opium, sondern die Letzten Menschen machen aus Religion ein Opiat. Sie benutzen das Christentum als Droge, zur Beruhigung der Nerven. Jede Spur der christlichen Erschütterung ist sorgfältig getilgt. Man denke dagegen an Kierkegaard und seine Erfahrung der Unmenschlichkeit Gottes: Gott quält die Menschen – für einen Griechen muss es so aussehen, als würde sich Gott am Leid der Menschen delektieren. Christlich leben ist die Hölle auf Erden. Gottes Liebe macht den Geliebten unglücklich.
die Welt des ‚fröhlichen Roboters'...: Helmut Schelsky, Auf der Suche nach Wirklichkeit, S. 467. – Vgl. auch die düstere, beklemmende Analyse des schwedischen Systems von Roland Huntford, The New Totalitarians
die autonome Heerde...: Friedrich Nietzsche, Sämtliche Werke Bd. 5, S. 125

S. 56: *die Not der Notlosigkeit...*: Martin Heidegger, Beiträge zur Philosophie, GA Bd. 65, S. 237
Das Ich und das Soziale...: Simone Weil, Schwerkraft und Gnade, S. 57

S. 57: die *Sozialoffenbarung...*: Hans Barion, „Die konziliare Utopie", S. 200. Barion führt das Konzept auf Charles Fourier zurück: Jesus hat uns die Heilsoffenbarung gebracht – jetzt müssen wir noch nach der *Sozialoffenbarung* suchen.

ANMERKUNGEN 149

S. 57: *Wenn du vollkommen sein willst...*: Matth. 19,21. – Das hat schon Max Weber, Wirtschaft und Gesellschaft, S. 380, klar herausgearbeitet und das Fazit gezogen: *Keinerlei ‚soziale' Position spricht daraus.*
Es gibt nichts, was...: Hannah Arendt, The Human Condition, S. 161: *There can be hardly anything more alien or even more destructive to workmanship than teamwork.*

S. 58: „learned helplessness"...: Vgl. Christopher Peterson, Steven F. Maier und Martin E.P. Seligman, Learned Helplessness

S. 59: *Eine Regierung, die auf dem...*: I. Kant, Werke Bd. XI, S. 145f

S. 61: *der Teufel, Gott nachahmend...*: Karl Rosenkranz, Ästhetik des Häßlichen, S. 375

S. 62: *Zum Wesen der Versuchung...*: Joseph Ratzinger Benedikt XVI., Jesus von Nazareth, S. 57
Gott ist widerlegt...: Friedrich Nietzsche, Sämtliche Werke Bd.12, S. 36
die Heiligung der mächtigsten...: Friedrich Nietzsche, Sämtliche Werke Bd.12, S. 11

S. 63: *der Nationalsozialismus...*: Hermann Lübbe, Vom Parteigenossen zum Bundesbürger, S. 133. – In dieser Diskussion hat Theodor W. Adorno die Voltaire-Position besetzt: Lissabon und Auschwitz, das waren die Naturkatastrophe und die gesellschaftliche Naturkatastrophe. Aus dem Erdbeben folgert Voltaire ein Theodizee-Verbot; aus dem Holocaust folgert Adorno ein Sinn-Verbot.

S. 64: *schafft dem Teufel neue...*: Niklas Luhmann, Soziologische Aufklärung Bd.4, S. 243
für Gott gegen Gott...: Niklas Luhmann, Die Wissenschaft der Gesellschaft, S. 119

S. 65: *die Unausweichlichkeit...*: Niklas Luhmann, Soziologische Aufklärung, Bd.5, S. 93

S. 66: vom *ganz konkret erscheinenden...*: Carl Schmitt, Glossarium 162. Der schon von Max Weber beschworene Kampf der Wert-Götter verwandelt sich nämlich für den, der sich entschieden hat, in einen Kampf zwischen Gott und Teufel. Und dieser Kampf zwischen Gott und Teufel impliziert, dass es keine Wertalternativen gibt; im Jargon unserer Zeit: „commitment" ist nicht „choice"!
Mit der Wirklichkeit rechnen...: Helmuth Plessner, Grenzen der Gemeinschaft, S. 126
daß der Teufel sei jenseits...: Martin Luther, Werke, Bd. 50, S. 473f

S. 67: *die falsche Transzendenz...*: René Girard, Verfolgung und Ausstoßung, S. 237
Seit Platons Politeia ...: Platon, Politeia 329 c, legt dem alten Sophokles in den Mund, er sei im Alter endlich von der Despotie des Aphrodisischen losgekommen.
Doch nicht nur gegen den Leviathan...: Only Two Can Play this Game – der Autor dieses pseudonym erschienenen Büchleins ist üb-

ANMERKUNGEN

rigens niemand anderes als jener diabolische Proto-Logiker, der sein Universalkalkül mit einem Befehl (!) beginnen lässt.

S. 68: *aufzuleiden...*: Joseph Ratzinger Benedikt XVI., Jesus von Nazareth, S. 195

Die Gutmenschen sind...: Vgl. René Girard, Ich sah den Satan vom Himmel fallen, S. 225

S. 69: *der Antichrist trägt die Maske...*: Arnold Gehlen, Moral und Hypermoral, S. 185

Wer an den Teufel glaubt...: Thomas Mann, Doktor Faustus, S. 249

Umgekehrt: Faust holt...: J.W. Goethe, Gedenkausgabe der Werke Bd. XXII, S. 156

Hunger nach Ichheit...: Karl Rosenkranz, Ästhetik des Häßlichen, S. 381f

S. 70: *Luzifer als infernalisches...*: Ernst Osterkamp, „Darstellungsformen des Bösen", S. 193

der Automat Satans...: Erik Peterson, „Satan und die Mächte der Finsternis", S. 445

S. 71: *Beschleunigern wider Willen...*: Carl Schmitt, Staat Großraum Nomos, S. 436

eschatologische Lähmung...: Carl Schmitt, Der Nomos der Erde, S. 29

Geschichtskraft...: Carl Schmitt, in: Hans Blumenberg / Carl Schmitt, Briefwechsel, S. 164

S. 72: *Schuld konstitutiv für den...*: Jacob Taubes, Die Politische Theologie des Paulus, S. 122

Das sterbliche Wesen kann...: Hans Blumenberg, Matthäuspassion, S. 95

S. 73: *Einmütigkeit minus eins...*: René Girard, Das Heilige und die Gewalt, S. 380

Die religiöse Vorbeugung...: René Girard, Das Heilige und die Gewalt, S. 34

S. 75: *den Frömmsten aller Derer...*: Friedrich Nietzsche, Sämtliche Werke, Bd. 4, S. 322

Der aufklärerische Furor...: Soweit alle Religion eine Gefühlsambivalenz gegenüber dem Vater zum Ausdruck bringt, lässt sich die hasserfüllte Religionskritik im Deutungsschema der Psychoanalyse auf zwei korrespondierende Ursachen zurückführen: Man hasst den Gott, um an dem geliebten Vater, den er ersetzen soll, festhalten zu können. Und man realisiert in der Feindseligkeit gegen Gott die feindselige Regung gegen den Vater. So betrachtet wäre auch Richard Dawkins nur ein Kapitel „Aus der Geschichte einer infantilen Neurose".

S. 76: *Nietzsches größten rhetorischen...*: Hans Blumenberg, in: Hans Blumenberg / Carl Schmitt, Briefwechsel, S. 228

Das Wunderbare ist demnach...: Johann Jacob Breitinger, Critische Abhandlung, S.132

S. 77: „Mem"...: *God exists, if only in the form of a meme with high survival value, or infective power, in the environment provided by human culture*, heißt es bei Richard Dawkins, The Selfish Gen, S. 193. Vgl. dazu auch Daniel C. Dennett, Consciousness Explained, S. 206: *the meme for faith exhibits frequency-dependent fitness: it flourishes best when it is outnumbered by rationalistic memes.*
die spezifisch gottfremde Macht...: Max Weber, Wissenschaft als Beruf, S. 322
Zaubergarten...: Max Weber, Gesammelte Aufsätze zur Religionssoziologie Bd. II, S. 371

S. 78: *Gewalteinteilung...*: Hans Blumenberg, in: Hans Blumenberg / Carl Schmitt, Briefwechsel, S. 169

S. 79: Diese Reflexivität...: Die klassische Formulierung bei Anthony Giddens, The Consequences of Modernity, S. 39: *the reflexivity of modernity actually subverts reason.*

S. 81: *Es kann in seiner täglichen...*: Jacques Lacan, Schriften, Bd. I, S. 123. – Oh, ewige unfreiwillige Ironie der Aufklärung! Auf der Rückseite der Taschenbuchausgabe dieses Texts sind die beiden Sätze abgedruckt, die dem gerade zitierten unmittelbar vorausgehen. Da in diesen Sätzen die Begriffe „moderner Mensch", „Kommunikation" und „Wissenschaft" vorkommen, schienen sie den Lektoren offenbar ideal geeignet, um Lacan für die Suhrkamp Culture zu reklamieren.
Man denkt mit dem, was man...: *beliefs have you,* heißt es bei Stanley Fish, Doing What Comes Naturally, S. 326. So auch schon Michael Polanyi, Science, Faith, and Society, S.47: *A belief always works in the eyes of the believer.*
Das hat Willard Van ...: Von *convenient myth* spricht Willard Van Orman Quine, From a Logical Point of View, S. 18
Michael Polanyi ...: Vgl. Michael Polanyi, Personal Knowledge, S. 268

S. 84: *taktvollen Atheismus...*: Hans Blumenberg, Der Mann vom Mond, S. 174
nichts preisgeben will...: Hans Blumenberg, Der Mann vom Mond, S. 21
aus Mattigkeit...: Ernst Jünger, Strahlungen II, S. 348f

S. 86: *So zu leben, daß es keinen Sinn...*: Friedrich Nietzsche, Sämtliche Werke Bd. 5, S. 411. – Wir widersprechen also mit Nietzsche und der Überschrift dieses Kapitels ausdrücklich der Grundthese von Niklas Luhmann, Die Religion der Gesellschaft, S.35: *Religion versteht Sinn auch nicht als ein ‚Bedürfnis', das zu befriedigen wäre.* Luhmann kann im metaphysischen Bedürfnis nur eine anthropologische Hypostase sehen, mit der die Kirche seit dem 19. Jahrhundert „dem Menschen" ein Problem unterstellt, das die vielfältig bunten Individuen gar nicht verspüren. Vgl. hierzu auch Niklas Luhmann, Die Religion der Gesellschaft, S. 340: Die Problemlösung Erlösung liegt schon vor, das Problem Sinn *wird hinzuerfunden.*

Der Sinn der Welt muß...: Ludwig Wittgenstein, Schriften Bd. I, S. 80

S. 87: *Konzeption der ‚Welt'...*: Max Weber, Wirtschaft und Gesellschaft, S. 308. Vgl. zum folgenden das zentrale Konzept von F.C. Bartlett, Remembering, S. 20: *effort after meaning*
Gott [...] ist die Evolution...: Erich Jantsch, Die Selbstorganisation des Universums, S. 412
Das Bedürfnis nach Sinn...: Erich Jantsch, Die Selbstorganisation des Universums, S. 414
Der Sinn der Welt ist...: Novalis, Schriften, Bd.2, S. 594. – Vgl. zum folgenden Jacques Derrida, Positions, S. 47f: *Le progrès effectif de la notation mathématique va donc de pair avec la déconstruction de la métaphysique.*

S. 88: *Sinnlosigkeitsbeseitigungsanspruch*: Niklas Luhmann, Soziologische Aufklärung, Bd.6, S. 140
zu großen Fragen...: Hans Magnus Enzensberger, Zu große Fragen
Es gibt keine Erfahrungen...: Hans Blumenberg, Die Sorge geht über den Fluß, S. 183. – Ein Philosoph könnte bestreiten, dass „das Leben" einen Sinn haben kann, weil es sich nicht selbst prädizieren kann. Immer nur kann „ein Leben" Sinn machen. Gerade deshalb läßt sich „das Leben" auf Sinn nur beziehen, soweit es ekstatisch aus sich heraustritt: Gott. (Darauf hat mich Raimar Zons hingewiesen.)

S. 89: *Metaphysik als Wissenschaft...*: I. Kant, Werke Bd. V, S. 241ff; zu Sokrates vgl. Platon, Phaidros 279a
Die Metaphysik ist das...: Martin Heidegger, Was ist Metaphysik, S. 41
metaphysischen Bedürfnisses...: Max Weber, Gesammelte Aufsätze zur Religionssoziologie, Bd. I, S. 253
höchsten Zeugen...: Jacques Lacan, Seminar Bd. IV, S. 429

S. 90: *Keine Logik und keine...*: *No logic determines salience: what to notice, what to attend to, what to inquire about.* – Ronald de Sousa, The Rationality of Emotion, S. 191. Vgl. hierzu auch Georg Lukács, Die Seele und die Formen, S. 36f
das Wissen aufheben, um...: I. Kant, Werke Bd. III, S. 33
Der Geist blamiert sich...: Jacob Taubes, Die Politische Theologie des Paulus, S. 59f
Wenn das Christentum die...: Ludwig Wittgenstein, Vermischte Bemerkungen, S. 197.- Zum Glauben als *spiritual attitude of welcome* gegenüber der Wahrheit vgl. F.C.S.Schiller, Problems of Belief, S.14

S. 91: *Diese Paradoxie hat der...*: Vgl. Michael Polanyi, Personal Knowledge, S. 199: *the comfort of a crucified God.*
Wenn Du also im Religiösen...: Ludwig Wittgenstein, Vermischte Bemerkungen, S. 163
Gäbe es ein Verbum mit der...: Ludwig Wittgenstein, Schriften Bd. I, S. 500

ANMERKUNGEN

S. 92: *das leidenschaftliche Sich-entscheiden...*: Ludwig Wittgenstein, Vermischte Bemerkungen, S. 122. – Insofern kann man kontrollieren, was man glaubt, indem man diejenigen Informationsquellen auswählt, die den gewünschten Glauben bestätigen. Man kann Werte wählen, indem man Erfahrungen wählt, die bestimmte Werte induzieren. Das lässt sich mit Leon Festingers Theorie der *cognitive dissonance* bzw. George A. Akerlofs Konzept der *loyality filters* denken.
Gefühl der Zuversicht...: Ludwig Wittgenstein, Schriften Bd. I, S. 462 . – Vgl. dazu auch Karl E. Weick, Sensemaking in Organizations, S. 54: *faith that life is worth living generates the action that then makes life worth living.*
glaubt, glauben zu können...: Hans Blumenberg, Die Lesbarkeit der Welt, S. 268
schwebend zwischen dem Wunsche...: Jean Paul, Sämtliche Werke, Bd. 36, S. 51
Ich glaube nicht an Glücksbringer...: Vgl. Ronald de Sousa, The Rationality of Emotion, S. 115: *emotions form a sort of parallel epistemic world*

S. 93 *Religion als Götzendienst..*: Karl Barth, Kirchliche Dogmatik I,2, S. 343

S. 96: *leistungstranszendent oder...*: Hans Blumenberg, in: Hans Blumenberg / Carl Schmitt, Briefwechsel, S. 29

S. 97: *Das Ganze ist das Unwahre...*: Theodor W. Adorno, Minima Moralia, S. 57
Hinausgreifen über die Welt...: Max Weber, Gesammelte Aufsätze zur Religionssoziologie Bd. I, S. 521

S. 98: *Sorge der Selbstbehauptung...*: Hans Blumenberg, „Der absolute Vater", S.282ff

S. 99: *Wenn der Vater irgendwo...*: Jacques Lacan, Seminar Bd. IV, S. 439
indem er den Gott als...: Hans Blumenberg, Wirklichkeiten in denen wir leben, S. 135
Distanz zu Gott...: Gottfried Benn, Gesammelte Werke Bd. IV, S. 312. Das Bild von Gott als dem Affen, den man nicht abschütteln kann, stammt von Joseph Heller, God Knows, S. 380: *I have a monkey on my back that I cannot shake off, and now I know who that monkey is: His name is God.*

S. 100: *Es gibt keinen anderen Grund...*: Jacques Lacan, Seminar Bd. IV, S. 165
Wie Du das Wort ‚Gott'...: Ludwig Wittgenstein, VB 97.- *God is not known, he is not understood; he is used*, sagt ganz entsprechend James H. Leuba, „The Contents of Religious Consciousness", S. 536

S. 101: *Gott ist das Ärgernis...*: Nicolás Gómez Dávila, Scholien, S. 198

S. 103: *das Ereigniss selbst ist viel zu gross...*: Friedrich Nietzsche, Sämtliche Werke Bd. 3, S. 573. – Vgl. Friedrich Nietzsche, Die Unschuld des Werdens Bd. II, S. 348: *Das ist eine furchtbare Neuigkeit, welche noch*

ein paar Jahrhunderte bedarf, um den Europäern zum Gefühl zu kommen.
S. 104: *eine großartige Entsagung...*: Friedrich Nietzsche, Sämtliche Werke Bd. 9, S. 577
S. 105: *Sachlichkeit und Ritterlichkeit...*: Max Weber, Politik als Beruf, S. 53ff
Ist es nicht kälter geworden...: Friedrich Nietzsche, Sämtliche Werke Bd. 3, S. 481
S. 106: *sie muß erst das Schicksal...*: Sigmund Freud, Gesammelte Werke Bd. XVI, S. 209
Die Wirklichkeit der Religion...: Karl Barth, Der Römerbrief, S. 252
primären Feindseligkeit...: Sigmund Freud, Gesammelte Werke Bd. XIV, S. 470f
wir verbringen unsere Zeit...: Jacques Lacan, Seminar Bd. VII, S. 87
die wundeste Stelle jeder...: Sigmund Freud, Gesammelte Werke, Bd. XIV, S. 503f
Niemals seit Paulus...: Jacob Taubes, Vom Kult zur Kultur, S. 374
S. 107: *das Verhältnis zum Vater...*: Sigmund Freud, Gesammelte Werke, Bd. IX, S. 188
Die Sohnesreligion löst...: Sigmund Freud, Gesammelte Werke, Bd. IX, S. 186
Auch diejenigen, die Paulus...: So die Formulierung von Robert Sheaffer, Resentment Against Achievement, S. 76, die aber auch von Nietzsche stammen könnte: *the most brillant semantic coup in all history*. Mit der Paradoxie „Gott am Kreuz" ist Paulus der atheistischen Attacke „Gott ist tot" zuvorgekommen.
S. 108: *umleidend...*: Joseph Ratzinger Benedikt XVI., Jesus von Nazareth, S. 46
Das Christentum ist eine...: Harald Weinrich, Wie zivilisiert ist der Teufel, S. 50
Verkündigung eines Nichtintellektuellen...: Max Weber, Wirtschaft und Gesellschaft, S. 379
S. 109: *winselnder Tonfall...*: Max Weber, Wirtschaft und Gesellschaft, S. 345
Dabei würde es genügen...: Vgl. Martin Luther, Werke Bd. 25, S. 11
der härteste Schlag gegen Gott...: Martin Heidegger, Holzwege, S. 240
Gott zum ‚Guten an sich'....: Friedrich Nietzsche, Sämtliche Werke Bd. 6, S. 183
Eistempel der...: Georg Lukács, Die Seele und die Formen, S. 78
S. 110: *Jeder Christ liebt...*: Sigmund Freud, Gesammelte Werke, Bd. XIII, S. 150f
als Mandatar des unbekannten...: Karl Barth, Der Römerbrief, S. 437
Leute zu lieben, die man...: So die Formulierung von Joseph Fletcher, Situation Ethics, S. 108: *to love those we don't like*

S. 111: *Sublimierung, die dem Feinde...*: Max Weber, Gesammelte Aufsätze zur Religionssoziologie Bd. III, S. 421

S. 113: *das Faktum konkret festlegender...*: Niklas Luhmann, „Institutionalisierung", S. 37

Analphabetismus der Seele...: Nicolás Gómez Dávila, Es genügt, dass die Schönheit unseren Überdruss streift..., S. 89

S. 114: *erlebter Metaphysik...*: Oswald Spengler, Der Untergang des Abendlandes, S. 821

Es geht um ein funktionales...: Allan Bloom, The Closing of the American Mind, S. 201: *Commitment is the equivalent of faith when the living God has been supplanted by self-provided values.*

Ökonomisch betrachtet...: Armartya K. Sen, „Rational Fools", S. 328, spricht von *counterpreferential choice*. Sens Bestimmung der Wahl als „counterpreferential" nimmt der bekannten Kritik Allan Blooms, The Closing of the American Mind, S. 109: *commitment, that choice in the void whose cause resides only in the will of the self,* ihre Schärfe. Die Wahl erfolgt nicht im Leeren, sondern gegen den Strich des Eigeninteresses. Das Problem steckt vielmehr in dem was Kenneth J. Gergen, The Saturated Self, S. 224, *Committed-ism* genannt hat. Commitment zerstört die Plausibilität von Alternativen. Deshalb haben Mary Douglas und Aaron Wildavsky, Risk and Culture, S. 212, den wissenschaftlichen Geist paradox durch *a systematic commitment to noncommitment* definiert; es geht der Wissenschaft gerade darum, Varietät, Alternativität und Optionen offenzuhalten.

Michael Polanyi spricht...: Michael Polanyi, Personal Knowledge, S. 379f: *ontology of commitment*

S. 115: *Die Kirche bietet hohe...*: Vgl. dazu glänzend: Harrison C. White, Identity and Control, S. 108

Weltlockerung...: Jacob Taubes, in: Wovon werden wir morgen geistig leben?, S. 136

bewusst Ungeborgenen...: Karl Jaspers, Die geistige Situation der Zeit, S. 133

S. 116: *Kriege gegen die Theologie...*: Max Weber, Soziologie, Universalgeschichtliche Analysen, Politik, S. 396

S. 117: *ein priesterlicher Cäsar...*: Adolf von Harnack, Das Wesen des Christentums, S. 158

S. 118: *„complexio oppositorum"...*: Diese Charakterisierung der katholischen Kirche hat Carl Schmitt, Römischer Katholizismus und politische Form, S. 11, ins Zentrum seiner Interpretation gestellt. Sie geht aber wohl auf Adolf von Harnack, Das Wesen des Christentums, S. 162, zurück.

S. 119: *die Angst, nicht modern zu...*: Nicolás Gómez Dávila, Scholien, S. 540

Das Verbot des klassischen...: Robert Spaemann, Das unsterbliche Gerücht, S. 143

S. 120: *Organ überindividueller Gestaltung:* Adolf Portmann, Das Tier als soziales Wesen, S. 335. – Vgl. dazu auch Julian Jaynes, The Origin of Consciousness and the Breakdown of the Bicameral Mind, S. 439: *Rituals are behavioral metaphors, belief acted, divination foretold, exopsychic thinking. Rituals are mnemonic devices for the great narratizations at the heart of church life.*

S. 121: *Kommunikationsvermeidungskommunikation...*: Niklas Luhmann, Die Gesellschaft der Gesellschaft, S. 235
Religion ist Routine für...: Odo Marquard, in: Wiederkehr von Religion?, S.192
Überleben der Spannung...: Niklas Luhmann, Soziologische Aufklärung Bd.1, S. 13

S. 126: *das gehorchende Ohr...*: Friedrich Nietzsche, Sämtliche Werke Bd. 4, S. 405

S. 127: *So prägt die infantile...*: *Trust born of care* lautet die Formel von Erik Erikson, Childhood and Society, S. 242.- Weil psychische Realität und Außenwelt nie harmonieren, ist die Aufgabe der Realitätsakzeptanz nie beendet – und wir entlasten uns von diesem Stress durch religiöse Gefühle, die nicht in Frage gestellt werden. Religion ist deshalb für den Psychoanalytiker Donald W. Winnicott ein Übergangsphänomen. Die religiösen Vorstellungen haben den Charakter von Übergangsobjekten – halb real, halb irreal. Gott ist weder innen noch außen. Deshalb die Frage: Wo ist er? Für den Gläubigen ist sein Verhältnis zu Gott *the seperation that is not a seperation but a form of union* – Donald W. Winnicott, Playing and Reality, S. 98. Der philosophische Humorist Odo Marquard hat das dann Teddybär-Effekt genannt: Um den Übergang in eine neue Welt ertragen zu können, brauchen wir geistige Übergangsobjekte, d.h. Vertrautes aus der alten Welt wie eben Metaphysik und Religion.
Bedürfnis, die menschliche...: Sigmund Freud, Gesammelte Werke, Bd. XIV, S. 340
schlechthiniges Abhängigkeitsgefühl...: Friedrich Schleiermacher, Der christliche Glaube (2.Aufl. 1830), Einleitung §4 .- In der Religion sucht der Mensch den *Grund seiner Unselbständigkeit,* heißt es bei Hegel, Werke Bd. 16, S. 308. Auch René Girard, Das Heilige und die Gewalt, S. 317, spricht noch, etwas höher abstrahierend, von einer *radikalen Abhängigkeit der Menschheit vom Religiösen.*
typischen Prozeß...: Hans Blumenberg, Wirklichkeiten in denen wir leben, S. 69
das Gefühl des eigenen Selbst...: Immanuel Hermann Fichte, Psychologie, S.727

S. 128: *die christliche Würde...*: Nietzsche, Sämtliche Werke Bd. 12, S. 296
Der religiöse Trost...: Vgl. dazu Georg Simmel, Fragmente und Aufsätze, S. 17
Gott ist – für den...: Odo Marquard, Skepsis und Zustimmung, S. 121f

ANMERKUNGEN

S. 129: *Nichts als Religion bleibt...*: Hermann Lübbe, Religion nach der Aufklärung, S. 16

ein vernünftiges Verhältnis...: Hermann Lübbe, Religion nach der Aufklärung, S. 17

Religion macht hyperrealistisch...: Hermann Lübbe, „Religion nach der Aufklärung", S. 193

S. 130: *Immer mehr Bürger...*: Frankfurter Allgemeine Zeitung vom 24.2.1988

An den Stein, der...: Johann Jakob Bachofen, Der Mythus von Orient und Occident, S. CXCVIII

S. 131: *das Bedürfnis des Putzes...*: Ferdinand Tönnies, Die Sitte, S. 49

das scheußliche Gerippe...: G. E. Lessing, Werke Bd. 6, S. 462

Nachlassende soziale...: Hermann Lübbe, Im Zug der Zeit, S. 48

S. 132: *Beim „memorial service...*: Phillippe Ariès, Geschichte des Todes, S. 380

S. 133: *Alle Legenden, alle...*: zit. Nach: Walter Benjamin, Gesammelte Schriften, Bd. I, S. 439

S. 137: *Alle prägnanten Begriffe...*: Carl Schmitt, Politische Theologie I, S. 49

Der einzigartige Wert...: Walter Benjamin, Gesammelte Schriften, Bd. I, S. 441

irrationale Welt des unverdienten...: Max Weber, Politik als Beruf, S. 60

von glücklicher Borniertheit...: Max Weber, Wirtschaft und Gesellschaft, S. 332

S. 138: *dass ewige Inhalte und ewige...*: Georg Lukács, Die Theorie des Romans, S. 105

sense of self...: James G. March, The Pursuit of Organizational Intelligence, S. 377

S. 139: *gegen die Selbstpreisgabe...*: Ernst Robert Curtius, Europäische Literatur und lateinisches Mittelalter, S. 9,11

die Entzweiungsform der Gesellschaft...: Joachim Ritter, Metaphysik und Politik, S. 230

S. 140: *sich von aller Auktorität...*: Arthur Schopenhauer, Werke Bd. V, S. 342f

die Modernisierung durch Religion...: So Paul Nolte in: Die Zeit 24.10.02

während sich da keinerlei Wahrheit...: Jacques Lacan, Seminar Bd. II, S. 31

S. 141: *Wer diese Herkunft hat...*: So Nietzsche in einem Nachlassfragment aus dem Herbst 1881, Sämtliche Werke Bd. 9, S. 642: *Mein Stolz dagegen ist ‚ich habe eine Herkunft' – deshalb brauche ich den Ruhm nicht. In dem, was Zarathustra, Moses, Muhamed Jesus Plato Brutus Spinoza Mirabeau bewegte, lebe ich auch schon, und in manchen Dingen kommt in mir erst reif an's Tageslicht, was embryonisch ein paar Jahrtausende brauchte. Wir sind die ersten Aristokraten in der Geschichte des Geistes – der historische Sinn beginnt erst jetzt.*

LITERATUR

Theodor W. Adorno, Minima Moralia, Frankfurt am Main 1970
–, Negative Dialektik, Frankfurt am Main 1966
Rüdiger Altmann / Johannes Gross, Die neue Gesellschaft, Stuttgart 1958
Phillippe Ariès, Geschichte des Todes, 2. Aufl., München 1980
Hannah Arendt, The Human Condition, 2. Aufl., Chicago 1998
Johann Jakob Bachofen, Der Mythus von Orient und Occident, München 1926
Hans Barion, „Die konziliare Utopie", in: Säkularisation und Utopie. Ernst Forsthoff zum 65. Geburtstag, Berlin/Köln/Mainz 1967
Karl Barth, Kirchliche Dogmatik I,2, Zürich 1932
–, Der Römerbrief, Zürich 1922
Frederic C. Bartlett, Remembering, Cambridge 1995
Ulrich Beck, Risikogesellschaft, Frankfurt am Main 1986
Walter Benjamin, Walter Benjamin, Gesammelte Schriften, Bd. I, 2.Aufl., Frankfurt am Main 1978
–, Gesammelte Schriften, Bd. V, Frankfurt am Main 1982
–, Gesammelte Schriften, Bd. VI, Frankfurt am Main 1985
Gottfried Benn, Gesammelte Werke Bd. IV, 3.Aufl., Stuttgart o. J.
Allan Bloom, The Closing of the American Mind, Harmondsworth 1988
Hans Blumenberg, „Der absolute Vater", in: Hochland #45, 1952/53
–, Beschreibung des Menschen, Frankfurt am Main 2006
–, Die Genesis der kopernikanischen Welt, Frankfurt am Main 1975
–, Die Legitimität der Neuzeit, 2.Aufl., Frankfurt am Main 1988
–, Die Lesbarkeit der Welt, 2. Aufl., Frankfurt am Main 1983
–, Der Mann vom Mond, Frankfurt am Main 2007
–, Matthäuspassion, 3.Aufl., Frankfurt am Main 1991
–, Ein mögliches Selbstverständnis, Stuttgart 1997
–, Die Sorge geht über den Fluß, Frankfurt am Main 1987
–, Die Vollzähligkeit der Sterne, Frankfurt am Main 1997
–, Wirklichkeiten in denen wir leben, Stuttgart 1986
Hans Blumenberg / Carl Schmitt, Briefwechsel, Frankfurt am Main 2007
Ernst-Wolfgang Böckenförde, „Die Entstehung des Staates als Vorgang der Säkularisation", in: Der säkularisierte Staat, München 2007
Kenneth E. Boulding, Beyond Economics, Ann Arbor Paperback 1970
Johann Jacob Breitinger, Critische Abhandlung, Zürich 1740
Konrad Burdach, Reformation, Renaissance, Humanismus, Darmstadt 1978
Ian Buruma / Avishai Margalit, Occidentalism, New York 2005

Richard Dawkins, The Selfish Gen, Oxford New York 1989
Ernst Robert Curtius, Europäische Literatur und lateinisches Mittelalter, 11.Aufl., Tübingen und Basel 1993
Daniel C. Dennett, Consciousness Explained, Harmondsworth 1993
Jacques Derrida, Positions, Paris 1972
Ronald de Sousa, The Rationality of Emotion, Cambridge Mass. 1990
Dan Diner, Der Krieg der Erinnerungen, Berlin 1991
Mary Douglas, Purity and Danger, Harmondsworth 1970
Mary Douglas / Aaron Wildavsky, Risk and Culture, Berkeley 1982
Emile Durkheim, Die elementaren Formen des religiösen Lebens, Frankfurt am Main 1981
Mircea Eliade, Die Sehnsucht nach dem Ursprung, Frankfurt am Main 1976
Hans Magnus Enzensberger, Zu große Fragen, Frankfurt am Main 2007
Erik Erikson, Childhood and Society, Harmondsworth 1965
Fénelon, Oeuvres complètes Bd. I, Paris 1848
Immanuel Hermann Fichte, Psychologie, Leipzig 1864
Johann Gottlieb Fichte, Werke Bd. VII, Berlin 1971
Stanley Fish, Doing What Comes Naturally, Durham und London 1989
Joseph Fletcher, Situation Ethics, Louisville 1966
Sigmund Freud, Gesammelte Werke Bde. II/III, XIV, London 1948
Arnold Gehlen, Moral und Hypermoral, 5.Aufl., Wiesbaden 1986
Kenneth J. Gergen, The Saturated Self, New York 1991
Anthony Giddens, The Consequences of Modernity, Stanford 1990
René Girard, Das Heilige und die Gewalt, Frankfurt am Main 1992
–, Ich sah den Satan vom Himmel fallen wie einen Blitz, München 2002
–, Verfolgung und Ausstoßung, Frankfurt 1992
J.W. von Goethe, Gedenkausgabe der Werke, Briefe und Gespräche, Zürich 1953
Nicolás Gómez Dávila , Es genügt, dass die Schönheit unseren Überdruss streift..., Stuttgart 2007
–, Scholien, Wien 2006
Gotthard Günther, Beiträge zur Grundlegung einer operationsfähigen Dialektik, Bd. II, Hamburg 1976
Adolf von Harnack, Das Wesen des Christentums, Leipzig 1920
G.W.F. Hegel, Werke. Theorie Werkausgabe, Frankfurt am Main 1970
Martin Heidegger, Beiträge zur Philosophie, Gesamtausgabe Bd. 65, Frankfurt am Main 1989
–, Holzwege. 5.Aufl., Frankfurt am Main 1972
–, Was ist Metaphysik, 13.Aufl., Frankfurt am Main 1986
Joseph Heller, God Knows, New York 1997
Wolfgang Huber, „Ich war selbst Schichtarbeiter" (Interview), in: Die Zeit, 15.11.2007
Roland Huntford, The New Totalitarians, London 1971
Erich Jantsch, Die Selbstorganisation des Universums, München 1992
Julian Jaynes, The Origin of Consciousness and the Breakdown of the Bicameral Mind, Boston 2000

LITERATUR

Karl Jaspers, Die geistige Situation der Zeit, 5.Aufl., Berlin 1979
Jean Paul, Sämtliche Werke, Bd. 36, Berlin 1826
Hans Jonas, Technik, Medizin und Ethik, Frankfurt am Main 1987
Ernst Jünger, Siebzig verweht II, Stuttgart 1981
–, Strahlungen II, 8.Aufl., Stuttgart 1980
Klaus-M. Kodalle, Die Eroberung des Nutzlosen, Paderborn 1988
Traugott König, „Die Abenteuer der Dialektik in Frankreich", in: Fugen, hg.v. Manfred Frank, Friedrich Kittler und Samuel Weber, Olten 1980
I. Kant, Werke. Theorie-Werkausgabe Bd. XI, Frankfurt am Main 1968
Jacques Lacan, Schriften, Bd. I, Frankfurt am Main 1975
–, Seminar Bd. II: Das Ich in der Theorie Freuds, Weinheim 1991
–, Seminar Bd. IV: Die Objektbeziehung, Wien 2003
–, Seminar Bd. VII: Die Ethik der Psychoanalyse, Weinheim 1996
Gotthold Ephraim Lessing, Werke Bd. 6, München 1974
James H. Leuba, „The Contents of Religious Consciousness", in: The Monist XI, 4, Juli 1901
Hermann Lübbe, Religion nach der Aufklärung, 2.Aufl., Graz 1990
–, „Religion nach der Aufklärung", in: Wovon werden wir morgen geistig leben?, hg. v. Oskar Schatz / Hans Spatzenegger, Salzburg 1986
–, Vom Parteigenossen zum Bundesbürger, München 2007
–, Im Zug der Zeit, Berlin 1992
Niklas Luhmann, Die Gesellschaft der Gesellschaft, Frankfurt am Main 1997
–, „Institutionalisierung", in: Zur Theorie der Institution, hg.v. Helmut Schelsky, Düsseldorf 1970
–, Die Religion der Gesellschaft, Frankfurt am Main 2000
–, Soziologische Aufklärung Bd. 1, 4. Auflage, Opladen 1974
–, Soziologische Aufklärung Bd. 4, Opladen 1987
–, Soziologische Aufklärung Bd. 5, Opladen 1990
–, Soziologische Aufklärung Bd. 6, Opladen 1995
–, Die Wissenschaft der Gesellschaft, Frankfurt am Main 1990
Georg Lukács, Die Seele und die Formen, Berlin 1911
–, Die Theorie des Romans, Berlin 1920
Martin Luther, Werke, Weimarer Ausgabe Bd. 50
Thomas Mann, Betrachtungen eines Unpolitischen, Berlin 1919
–, Doktor Faustus, Frankfurt am Main 1967
James G. March, The Pursuit of Organizational Intelligence, Malden Mass. 1999
Odo Marquard, Skepsis und Zustimmung, Stuttgart 1994
Karl Marx, Das Kapital, Stuttgart 1957
Friedrich Nietzsche, Sämtliche Werke. Kritische Studienausgabe, München 1980
–, Die Unschuld des Werdens Bd. II, 2.Aufl., Stuttgart 1978
Novalis, Schriften, Bd.2, Darmstadt 1981
Ernst Osterkamp, „Darstellungsformen des Bösen", in: Sprachkunst. Beiträge zur Literaturwissenschaft, Jgg. V, 1974

The Talcott Parsons Reader, hg. v. Bryan S. Turner, Oxford 1999
Talcott Parsons, Politics and Social Structure, New York 1969
Christopher Peterson, Steven F. Maier und Martin E.P. Seligman, Learned Helplessness, New York 1993
Erik Peterson, „Satan und die Mächte der Finsternis", in: Der erste Brief an die Korinther und Paulus-Studien. Ausgewählte Schriften Bd. 7, Würzburg 2006
Platon, Gorgias, in: Werke Bd. II, Darmstadt 1973
–, Phaidros, in: Werke Bd. V, Darmstadt 1983
–, Politeia, in: Werke Bd. IV, Darmstadt 1971
Helmuth Plessner, Grenzen der Gemeinschaft, in: Gesammelte Schriften Bd. V, Frankfurt am Main 1981
Michael Polanyi, Personal Knowledge, Chicago 1974
–, Science, Faith, and Society, London 1946
Adolf Portmann, Das Tier als soziales Wesen, Zürich 1953
Willard Van Orman Quine, From a Logical Point of View, 2.Aufl., New York 1961
Joseph Ratzinger Benedikt XVI., Jesus von Nazareth, 2.Aufl., Freiburg 2007
Rainer Maria Rilke, Über Dichtung und Kunst, Frankfurt am Main 1974
Joachim Ritter, Metaphysik und Politik, Frankfurt am Main 2003
Karl Rosenkranz, Ästhetik des Häßlichen, Königsberg 1853
Jean-Jacques Rousseau, Sozialphilosophische und Politische Schriften, München 1981
Helmut Schelsky, Auf der Suche nach Wirklichkeit, Düsseldorf und Köln 1965
Ferdinand C.S.Schiller, Problems of Belief, 2.Aufl., London 1924
Friedrich Schleiermacher, Der christliche Glaube, 2.Aufl. von 1830, Berlin 1980
–, Die Weihnachtsfeier, Leipzig 1908
Carl Schmitt, Der Begriff des Politischen, Berlin 1963
–, Glossarium, Berlin 1991
–, Der Nomos der Erde, Berlin 1950
–, Politische Theologie I, 3.Aufl., Berlin 1979
–, Römischer Katholizismus und politische Form, 2.Aufl. von 1925, Stuttgart 1984
–, Staat Großraum Nomos, Berlin 1995
–, „Die Tyrannei der Werte", in: Säkularisation und Utopie. Ernst Forsthoff zum 65. Geburtstag, Berlin/Köln/Mainz 1967
Arthur Schopenhauer, Werke Bd. V, Zürich 1988
Gerhard Schulze, Die Erlebnisgesellschaft, Frankfurt und New York 1993
Armartya K. Sen, „Rational Fools", in: Philosophy and Public Affairs, Nr. 1, Herbst 1976
Robert Sheaffer, Resentment Against Achievement, Buffalo 1988
Georg Simmel, Fragmente und Aufsätze, München 1923
Robert Spaemann, Reflexion und Spontaneität, 2.Aufl., Stuttgart 1990
–, Das unsterbliche Gerücht, Stuttgart 2007

–, Der Ursprung der Soziologie aus dem Geist der Restauration, Stuttgart 1998
George Spencer Brown (alias James Keys), Only Two Can Play this Game, Cambridge 1971
Oswald Spengler, Der Untergang des Abendlandes, München 1990
Jacob Taubes, Die Politische Theologie des Paulus, 2.Aufl., München 1995
–, Vom Kult zur Kultur, München 1996
Ferdinand Tönnies, Die Sitte, Frankfurt am Main 1909
Eric Voegelin, Order and History, Bd. IV, Baton Rouge / London 1987
Marianne Weber, Max Weber. Ein Lebensbild, Tübingen 1984
Max Weber, Gesammelte Aufsätze zur Religionssoziologie, Bd. I, 5.Aufl., Tübingen 1963
–, Gesammelte Aufsätze zur Religionssoziologie, Bd. II, 5.Aufl., Tübingen 1972
–, Gesammelte Aufsätze zur Religionssoziologie, Bd. III, 5.Aufl., Tübingen 1971
–, Gesammelte Aufsätze zur Wissenschaftslehre, 4.Aufl., Tübingen 1973
–, Politik als Beruf, 7.Aufl., Berlin 1982
–, Soziologie, Universalgeschichtliche Analysen, Politik, Stuttgart 1973
–, Wirtschaft und Gesellschaft, 5. Rev. Aufl., Tübingen 1972
–, Wissenschaft als Beruf, 6. Aufl., Berlin 1967
Karl E. Weick, Sensemaking in Organizations, Thousand Oaks 1995
Simone Weil, Schwerkraft und Gnade, 2.Aufl., München 1954
Harald Weinrich, Wie zivilisiert ist der Teufel, München 2007
Harrison C. White, Identity and Control, Princeton 1992
Ludwig Wittgenstein, Schriften Bd. I, 4.Aufl., Frankfurt am Main 1980
–, Vermischte Bemerkungen, Frankfurt am Main 1977
Wiederkehr von Religion?, hg. v. Willi Oelmüller, Paderborn 1984
Donald W. Winnicott, Playing and Reality, Hove und New York 2002
Wovon werden wir morgen geistig leben?, hg. v. Oskar Schatz / Hans Spatzenegger, Salzburg 1986